RELIGIÕES & ECOLOGIA

Marcial Maçaneiro

RELIGIÕES & ECOLOGIA

**cosmovisão
valores
tarefas**

Dados Internacionais de Catalogação na Publicação (CIP)
(Câmara Brasileira do Livro, SP, Brasil)

Maçaneiro, Marcial
   Religiões & ecologia : cosmovisão, valores, tarefas / Marcial Maçaneiro. – São Paulo : Paulinas, 2011.

   ISBN 978-85-356-2743-5

   1. Cosmologia 2. Ecologia - Aspectos morais e éticos 3. Ecologia - Aspectos religiosos 4. Espiritualidade 5. Proteção ambiental 6. Religiões 7. Valores (Ética) 8. Virtudes I. Título.

10-12861   CDD-261

Índices para catálogo sistemático:
1. Ecologia e religiões : Teologia social   261
2. Religiões e ecologia : Teologia social   261

2ª edição – 2011

Direção-geral: *Flávia Reginatto*
Editora responsável: *Luzia M. de Oliveira Sena*
Copidesque: *Mônica Elaine G. S. da Costa*
Coordenação de revisão: *Marina Mendonça*
Revisão: *Ana Cecilia Mari*
Direção de Arte: *Irma Cipriani*
Assistente de arte: *Sandra Braga*
Gerente de produção: *Felício Calegaro Neto*
Projeto gráfico: *Wilson Teodoro Garcia*

Nenhuma parte desta obra poderá ser reproduzida ou transmitida por qualquer forma e/ou quaisquer meios (eletrônico ou mecânico, incluindo fotocópia e gravação) ou arquivada em qualquer sistema ou banco de dados sem permissão escrita da Editora. Direitos reservados.

Paulinas
Rua Dona Inácia Uchoa, 62
04110-020 – São Paulo – SP (Brasil)
Tel.: (11) 2125-3500
http://www.paulinas.org.br
editora@paulinas.com.br
Telemarketing e SAC: 0800-7010081
© Pia Sociedade Filhas de São Paulo – São Paulo, 2011

*Aos meus pais Osvaldo e Edite,
com gratidão.
Às minhas sobrinhas Bruna e Natália,
com esperança.*

Sumário

Introdução 11

PARTE I
Cosmovisão: como as religiões interpretam o cosmos e a natureza?
1. Hinduísmo 17
   1.1 Mitologias da criação 17
   1.2 Atributos cósmicos da Trimurti 20
   1.3 Montanhas e águas sagradas 22
   1.4 A "unidade dual" de todas as coisas 23
   1.5 Krishna, deidade cósmica e pessoal 25
2. Budismo 29
   2.1 Arquitetura sem arquiteto 29
   2.2 O desenho do mundo 29
   2.3 Atributos cósmicos do Buda Vairocana 31
   2.4 Atributos éticos do Buda Amida 32
   2.5 A interdependência-impermanência-vacuidade 33
   2.6 Budismo e *Deep Ecology* 35
   2.7 "Caminho óctuplo" e ecologia 37
3. Candomblé 39
   3.1 A obra da criação 39
   3.2 Cosmovisão 42
   3.3 A tríade Olófi-Olodumaré-Olorum 44
   3.4 Orixás e natureza 45
   3.5 Culto dos orixás e ecologia 48
4. Judaísmo 53
   4.1 Deus, terra e humanidade 53
   4.2 Conduta e ecologia no Talmud 61
   4.3 O universo segundo a Cabala 63
5. Cristianismo 71
   5.1 Teologia cristã da criação 71
   5.2 A religação universal 76
   5.3 Uma ética para a ecologia 86
   5.4 Ecologia, compromisso das Igrejas Cristãs 88

6. Islã 93
 6.1 Teologia corânica da criação 93
 6.2 Sabedoria ecológica do Alcorão 96
 6.3 Duas parábolas 100
 6.4 Ecoteologia muçulmana 104

Parte II
Valores: o que as religiões oferecem para o saber e o agir ecológicos?

1. Saber 111
 1.1 As religiões como episteme da natureza 112
 1.2 Diálogo com as ciências e a ecologia 115

2. Profundidade 119
 2.1 Além do observável 120
 2.2 O mistério como profundidade 120

3. Reconhecimento 127
 3.1 Fascínio e tremor 127
 3.2 Dádiva 130

4. Virtudes 135
 4.1 Virtudes e ecologia 136
 4.2 O ecológico, o ecumênico e o econômico 139

5. Humanidade 143
 5.1 Nó complexo e conectivo 144
 5.2 Antropodemia 145

6. Engajamento 149
 6.1 Responsabilidade 149
 6.2 Estratégias 150

7. Espiritualidade 155
 7.1 Valores do espírito 156
 7.2 Transcendência 157

Parte III
Tarefas: que tarefas a ecologia solicita das religiões?

1. Interpretar a condição humana na terra 167
2. Desenvolver a consciência ecológica de seus membros 171
3. Participar da elaboração de uma epistemologia ambiental 175

4. Promover a ética ecológica 179

5. Dialogar conjuntamente sobre questões ecológicas 185

6. Agir conjuntamente pela causa ecológica 191

7. Reencantar a natureza 195

Conclusão 199

Glossário 202

Introdução

Estimativas recentes mostram que quase trezentas espécies animais e vegetais desaparecem diariamente no mundo, por causa da destruição de seus hábitats. E praticamente 30% da biodiversidade total do planeta já se perdeu, numa escala perigosa de desequilíbrio e depredação que afeta a todos. Enquanto isso, o número dos que seguem um credo ainda é expressivo:

- cristãos: 2 bilhões;
- muçulmanos: 1,6 bilhão;
- hinduístas: 900 milhões;
- religiões tradicionais chinesas: 394 milhões;
- budistas: 376 milhões;
- religiões tradicionais africanas: 90 milhões;
- sikhs: 25 milhões;
- judeus: 15 milhões;
- espíritas: 12 milhões;
- xintoístas: 4 milhões;
- zoroastristas: 2,6 milhões.

Diante das estatísticas, é razoável indagar sobre o efetivo compromisso ecológico desta parcela da população global: o que os crentes de fato fazem (ou deixam de fazer) pelo bem da vida no planeta? Afinal, as pessoas que seguem alguma das religiões citadas somam aproximadamente 5,4 bilhões – sem mencionar os credos minoritários.

Para cada religião vislumbramos, ainda, um grande leque de ação e influência no campo da ética, educação, saúde, segurança alimentar, promoção da infância e juventude, meios de comunicação e assistência social. São milhares de templos, escolas, centros comunitários, páginas on-line, canais de TV, igrejas, mesquitas, sinagogas, universidades e hospitais. Trata-se de uma rede que abraça os cinco continentes. Em todos os ecossistemas da Terra temos a presença de sujeitos e organizações religiosas, das zonas florestais aos desertos, das montanhas aos litorais.

Além disso, as religiões herdaram uma cosmologia rica e variada, com narrativas que valorizam o universo e a natureza. Certamente essas narrativas se distinguem da abordagem científica, em muitos pontos. Mas sua importância cultural e histórica é inegável, além de guardarem valores que nos fazem refletir sobre nossa relação com o meio ambiente.

Com efeito, as religiões afirmam a sacralidade da vida e da natureza; remetem o princípio da existência humana e planetária à transcendência; esboçam "desenhos do mundo" de perspectiva holística; celebram a fecundidade do solo; reconhecem a dimensão estética do universo; propõem virtudes morais de impacto direto na convivência dos humanos entre si e destes com o meio vital.

De seu lado, ambientalistas, ecólogos, educadores, políticos, cientistas e gestores desenvolvem estudos e projetos cada vez mais focados no meio ambiente. É o campo da pesquisa, da busca de tecnologias sustentáveis, da análise dos impactos ambientais, da reciclagem e da preservação dos recursos naturais. Surgem institutos, fóruns e programas (técnicos ou científicos, governamentais ou não governamentais) em vista de soluções para a crise ambiental, na linha do desenvolvimento inclusivo e sustentável.

A Terra pede que religiosos e cientistas, contemplativos e técnicos se deem as mãos na tarefa de "salvar o planeta". Religiões e ecologia se aproximam na agenda global. Não é hora de firmar o compromisso comum entre religiões e ecologia? Cremos que sim. E não cremos sozinhos, como o comprovam as iniciativas interinstitucionais que envolvem credos, governos e programas ambientais:

- Fórum Global de Líderes Espirituais e Governamentais sobre questões ambientais: Oxford (1988), Moscou (1990), Rio de Janeiro (1992) e Kyoto (1993).

- Encontro sobre Ética Global de Cooperação das Religiões para as Questões Humanas e Ambientais: Chicago, 1993.
- Seminário sobre Meio Ambiente, Cultura e Religião: Teerã, 2001.
- Simpósio Internacional sobre as Religiões e a Água: Amazonas (Brasil), 2005.
- Seções do Parlamento das Religiões Mundiais sobre questões ambientais: Chicago (1993), Barcelona (1994), Melbourne (2009).

Daí a proposta de incrementar o encontro entre religiões e ecologia com este ensaio didático e propositivo. Não pensamos num manual, mas numa obra que fosse também uma forma de manifesto: um "não" à indiferença e desarticulação em questões ambientais; e um "sim" ao aprofundamento dos valores ecológicos das religiões, em vista do compromisso e da ação conjunta pela vida humana e planetária.

As religiões abordadas não somam, obviamente, a totalidade dos credos professados. Tivemos de selecionar aquelas mais representativas do ponto de vista do Oriente (Hinduísmo e Budismo) e da formação cultural do Ocidente (tradição judaico-cristã). O Islã se integra no monoteísmo semita e tem, hoje, papel estratégico no cenário internacional. O Candomblé é abordado basicamente como Culto dos Orixás, para privilegiar um aspecto também fundamental para a Umbanda.

Com tais perspectivas religiosas e ecológicas, organizamos este ensaio a partir de três perguntas:

Parte I – Como as religiões interpretam o cosmos e a natureza?

Apresentamos a *cosmovisão* de seis grandes religiões, significativas no cenário internacional e também brasileiro: Hinduísmo, Budismo, Candomblé, Judaísmo, Cristianismo e Islã. É a parte mais longa, por conta dos conteúdos milenares e das muitas narrativas religiosas sobre o mundo, a natureza e a humanidade. O leitor e a leitora poderão seguir página por página, ou selecionar aquela religião que lhes for de interesse.

Parte II – O que as religiões oferecem para o saber e o agir ecológicos?

Discorremos sobre os *valores* ecológicos presentes nas religiões. Em tom propositivo, destacamos sete contribuições das religiões para o saber e o agir ecológicos: episteme, profundidade, reconhecimento, virtudes, humanidade, engajamento e espiritualidade. Informações científicas e religiosas se articulam, com distinções e complementos significativos, numa linguagem descritiva e poética, além da explicação conceitual.

Parte III – Que tarefas a ecologia solicita das religiões?

Procuramos mostrar as *tarefas ecológicas* que as religiões são chamadas a realizar, como parcela de sua responsabilidade pela vida humana e planetária. As tarefas são condensadas em sete: interpretar a condição humana na Terra; desenvolver a consciência ecológica de seus membros; participar da elaboração de uma epistemologia ambiental; promover a ética ecológica; dialogar sobre questões ambientais; agir conjuntamente pela causa ecológica; reencantar a natureza.

No curso desta obra, proporcionamos ao leitor e à leitora o contato direto com as fontes religiosas (narrativas ancestrais, mitologias e textos sacros), consideramos as linhas gerais do debate atual sobre Ciência Ecológica (Edgar Morin, Enrique Leff, James Lovelock) e citamos vários documentos de nível internacional (*Convenção da Terra*, *Declaração sobre o éthos mundial* e diretrizes ecumênicas).

Para uso e aplicação do tema no caso de educadores, agentes sociais, gestores e líderes religiosos, inserimos algumas sugestões práticas ao lado de informações doutrinais e científicas, quando oportuno.

Com tais características, temos a satisfação de deixar em suas mãos, caros leitor e leitora, um ensaio que aproxima religião e ecologia no intuito de inspirar consciências e práticas comprometidas com a vida na Terra, em atitude de parceria e cooperação.

Parte I
Cosmovisão

Como as religiões interpretam o cosmos e a natureza?

1
Hinduísmo

1.1 Mitologias da criação

Nas linhas do Rigveda[1] e dos Upanishades[2] encontramos uma variedade de mitologias da criação com participação da divindade.[3] De 1500 a.c. (Vedas) até 200 a.c. (Bhagavad-Gita), temos uma longa evolução do pensamento religioso e filosófico hinduísta, com narrativas criacionais que se sucedem ou se cruzam. Há temas com certa continuidade e outros inovadores, se comparados às versões anteriores da mitologia.[4] Dessas narrativas, as principais são:

a) O sacrifício de Brahma

No "Hino do homem primordial" (*Purusha-sukta*) se lê que o "Senhor das criaturas" (*Prajapati*, concepção primária de Brahma) se identifica com um homem cósmico (*Purusha*), cujo corpo divino é sacrificado e desmembrado. Desse sacrifício surgiram as múltiplas formas do mundo, com sua classificação variada de seres e castas humanas. Esta tradição se manteve implícita no conceito védico de

---

[1] A mais antiga e prestigiosa parte dos Vedas, que se dividem em Rigveda (Veda das estrofes); Yajurveda (Veda das fórmulas sacrificais); Samaveda (Veda dos hinos litúrgicos); Atarvaveda (Veda das fórmulas mágicas), redigidas entre 1500 e 600 a.c.

[2] A segunda coletânea de textos sacros hindus, redigida entre 800 e 300 a.C.

[3] O que podemos classificar como teocosmogonias: algum tipo de ação da divindade (teo) que origina ou ordena o mundo (cosmogonia).

[4] Cf. BRANDON, S. G. F. (Dir.). Cosmogonía (Hinduísmo). *Diccionario de religiones comparadas*. Madrid: Cristiandad, 1975. v. 1, pp. 426-427. DÍAZ, Carlos. *Manual de historia de las religiones*. Bilbao: Desclée de Brouwer, 1998. pp. 100-132.

17

que o cosmos consiste numa espécie de processo sacrifical dirigido pelo poder ritual de Brahma.

b) O ovo cósmico sobre as águas primordiais

Nesta versão, o "Senhor das criaturas" (*Prajapati*) impregna as águas primordiais e toma a forma embrionária de um núcleo dourado (*hiranyagarbha*), a partir do qual se desenvolve o cosmos. Mais tarde este núcleo vital foi chamado de "ovo de Brahma" (*brahmanda*). Na composição deste "ovo cósmico" estão as camadas dos elementos (espaço, vento, fogo, água, terra) – que, de fora para dentro, se tornam cada vez mais densas e materializadas – e também os níveis do mundo habitado em sentido horizontal: a terra no meio, acima dela sete céus, com sete mundos subterrâneos e inúmeros infernos abaixo deles. A superfície da terra se divide em esferas concêntricas de terreno, separadas por enormes oceanos constituídos por diferentes líquidos, agrupados em torno do monte Meru (Himalaia), estabelecido como *axis mundi* (eixo do mundo). Segundo tais coordenadas, a Índia se encontraria na esfera terrestre mais interior, ao sul do monte Meru, rodeada de um mar de água salgada.

c) O nada, o Uno e o universo

O "Hino da criação" (Rigveda 10,9) diz que havia um Nada primordial que, aquecido, formou o Uno, e deste proveio o universo. Segundo algumas interpretações, o calor que produziu tal aquecimento seria o desejo inerente ao Uno. Contudo, este Nada e o Uno primordiais não recebem nome nem explicação, porque são realidades anteriores a qualquer distinção e mesmo às divindades, nascidas depois.

d) A evolução do Uno pela autoconsciência

O *Brihadaranyaka Upanishad* nos oferece outra versão do despertar do Uno. Diz que o Uno possuía uma forma elementar de autoconsciência, dizendo para si mesmo: "Eu sou" (*aham asmi*). Tratava-se, portanto, de Brahma anterior a toda forma, na posição de *atman* cósmico (uma espécie de princípio espiritual unificante de tudo quanto viria a existir). Ao sentir-se só, "Eu sou" se atemoriza e cria, de sua própria substância, um ser feminino. Do abraço de ambos nascem todos os demais seres vivos.[5] Contudo, não há uma diferenciação absoluta entre criador e criatura: o cosmos é uma forma de este Uno continuar dizendo "Eu sou".

e) A dança de Shiva

O deus Shiva não tem origem védica, mas evoluiu a partir de Pashupati (senhor dos animais) e Rudra (gênio das tempestades e matador de rebanhos). Atravessando séculos, a mitologia elaborou uma síntese que vincula Shiva à terra e ao tempo. Ele cresce em atributos e é inserido entre Brahma (o uno) e Vishnu (o espaço), dando forma definitiva à "trimurti" Brahma-Shiva-Vishnu. O seu papel "destruidor" não tem conotações morais ou catastróficas, mas designa seu atributo de presidir a todas as transformações cósmicas no correr do tempo. Além do aspecto ritual, há um aspecto lúdico (*lilá*) próprio da deidade. Neste caso, o ato de "destruir" não é aniquilação, mas execução de um movimento específico da coreografia cósmica. É assim que se expressa a mitologia de Nataraja (*nata* = dança; *rajá* = soberano). Shiva é representado como o "Senhor da dança" ou "Soberano dançante" que, com seus movimentos, origina e mantém o mundo. Ele é figurado como rei dos dançarinos, a bailar no centro de um círculo de fogo, com quatro mãos e dois pés. Na primeira mão direita ele traz o *damaru* – tambor que marca o compasso de sua dança e dá ritmo ao universo. Na esquerda, ele segura a chama ígnea, indicando sua potência transformadora e a efemeridade das coisas. O outro par de mãos é igualmente significativo: a direita, com a palma aberta, oferece proteção e bênção; a esquerda imita a tromba do elefante, que remove todos os obstáculos (referência ao deus Ganesha, seu filho). O pé direito ensaia um longo passo, livre em relação ao chão: é um convite

---

[5] Cf. Brihadaranyaka Upanishad I, 4, 1ss.

para o devoto atingir a libertação (*moksha*). O pé esquerdo pisa sobre o Esquecimento ou Imprudência, nomes do demônio anão que personifica a prisão da causalidade e a efemeridade do tempo: o engano que se pretende mestre, mas é desmascarado por Shiva. Assim se cumprem as cinco ações de Shiva, conhecidas como a "dança quíntupla" desta divindade que, ao desfazer os elementos, tudo renova.

1.2 Atributos cósmicos da Trimurti

Brahma (criador primordial), Shiva (transformador) e Vishnu (conservador) constituem a sagrada Trimurti (tríade) do Hinduísmo, cada qual com atributos cósmicos distintos e interativos.

a) Vishnu

Altamente prestigiado na cosmovisão e devoção hinduístas, é o criador-conservador do *dharma* – a sustentação cósmica (do radical *dhr* = sustentar, manter). Tem qualidades solares, como seu nome indica (*vish* = penetrar ou incidir, como os raios do sol que penetram e dão vida). Carrega arco e flechas, qual guerreiro. Por outro lado, assumiu aspectos aquáticos e lunares, sendo figurado como concha marinha e flor de lótus, ou deitado sobre a serpente Teska, dominadora das águas primordiais. De época em época ele desce para restaurar o *dharma*: "A finalidade de minha descida visível é aliviar o peso da Terra, proteger os devotos e aniquilar os ímpios. Porque eu adoto diversas formas segundo a necessidade, mas o fim permanece o mesmo: proteger os devotos e aniquilar os ímpios".[6] Seus avatares são: o peixe, a tartaruga, o javali, o homem-leão, o anão Varuna e, finalmente, os heróis Rama e Krishna. Conforme o relato hindu do dilúvio, Vishnu assumiu a forma de peixe para conduzir o rei Manu pelas águas revoltas, até alcançar a segurança do monte Meru (Himalaia). O Rigveda o chama de Savitar (um dos nomes do deus Sol) e o caracteriza como soberano do espaço infinito. Ele mede as alturas e profundidades do univer-

---

[6] Bhagavata-Purana 10, 50, 8ss.

so e, com seu olho que tudo vê, considera todas as criaturas do alto de seu observatório ambulante, a carruagem celeste do sol: "Rolando pelo espaço escuro, guiando mortais e imortais ao repouso, eis que chega o deus Savitar: ele observa toda criatura".[7] Mantém a estabilidade do mundo e sem ele tudo se dissolveria de modo frágil e efêmero.

b) Shiva

Divindade ligada ao tempo e à terra. Preside todas as transformações pelas quais passa o mundo (morte/nascimento, destruição/reconstrução, guerra/paz, putrefação/fertilidade, dissolução/integração, desencarnação/reencarnação). Enquanto Vishnu mantém, Shiva dissolve. Assim, ambos garantem o devir cíclico do mundo, cuja totalidade é assumida por Brahma. Shiva é o deus da dualidade conjugada, aquele que unifica as diferenças. Destruindo, renova. Dissolvendo, reorganiza os elementos. Ele personifica a ambiguidade do tempo, sempre novo e sempre velho no seu devir. Dançando, cria o universo; e igualmente dançando preside os ritos crematórios, pois a morte é processo de transformação que marca a conclusão de um ciclo e abre outro, na direção da beatitude (*ananda*). A efemeridade e miséria do corpo se desfazem no fogo (*agni*), elemento sagrado dominado por Shiva. Esse processo de morte/vida se concluirá com o fim de todas as aparências, quando a pessoa encontrar sua verdade e sua identidade no grande todo – Brahman.[8] A dança de Shiva Nataraja expressa ainda o nexo entre o céu e a terra, o tempo e a eternidade.

c) Brahma

Pouco cultuado e distante da devoção popular, Brahma é a divindade necessária à coesão cósmica e teológica da Trimurti. Sem ele Vishnu e Shiva se perderiam no dualismo desconexo, excluindo o tempo do espaço e o espaço do tempo. Do ponto de vista doutrinal,

---

[7] Rigveda 1,35.
[8] Brahma é a potência divina em si mesma; Brahman é esta mesma potência em sentido cósmico e totalizante.

Brahma é uma construção teórica com alto nível de abstração. É o Pensante impensável; o Vidente não visto; o Cognoscente que os conceitos não alcançam. Ele é, simultaneamente, o todo e as partes. Está em si mesmo e nas criaturas, pelo *atman* – sua presença em cada ser individual. Segundo os Vedas, ele é o fundamento último e verdadeiro da realidade, desde o átomo até os gigantescos corpos celestes. Sua natureza engloba tudo numa grande unidade (*advaíta*). Tudo está em Brahma; e Brahma está em tudo. Os Upanishades o denominam "princípio autoexistente de tudo o que existe".[9] Ele é fluência e coesão ao mesmo tempo. Impessoal, não é dotado de personalidade (distintamente do Criador da tradição abraâmica). É inteligência sem ego. Vishnu e Shiva são suas manifestações, no continuo devir de todas as coisas.

1.3 Montanhas e águas sagradas

Na intrincada arquitetura mitológica hindu, as divindades do Trimurti não se inserem no mundo apenas por suas potências criadoras e seus avatares, mas também através das águas. Há uma linha mitológica que narra o surgimento de sete rios sagrados, todos femininos, que brotam do alto do monte santo Maru – considerado o *axis mundi* (eixo do mundo) e identificado com o Himalaia. Os rios são: Yamuna, Ganga, Sarasváti (invisível), Godavari, Kaveri, Narmada e Sindhu. De fato, os sete rios nascem do Himalaia e se estendem pela Índia, sulcando a Terra com seu percurso sagrado.

A mitologia diz que Ganga se origina aos pés de Vishnu e flui, primeiramente, na forma de Via Láctea. Suas águas chegaram à Terra tocando os cabelos de Shiva, quando este se sentou no alto do Himalaia, onde está a morada dos deuses. Dali suas águas desceram abaixo, rumo ao sul, atravessando muitas cidades, como Varanasi.

Dentre os sete rios (todos femininos), Yamuna, Ganga e Sarasváti compõem mais uma tríade divina. Yamuna é a deusa irmã de Yama, deus da morte conforme antiga lenda. No *Mahabhárata*, porém, este rio é associado a Krishna (um avatar de Vishnu), que teria passado

---

[9] Taittiriya Upanishad 3,1.

a infância brincando às suas margens. Assim, mediante Krishna, o rio Yamuni é identificado com Vishnu. Seu emblema é a tartaruga. Ganga, por sua vez, é o próprio Shiva, o destruidor. Seu emblema é o crocodilo. Com a junção de ambos na confluência de *Allah*abad surge o rio invisível Sarasváti, considerado consorte feminina de Brahma.[10] Sua invisibilidade é explicada de três maneiras: seria um rio místico, só perceptível pela elevação da mente; seria um rio subterrâneo; seria um rio físico, mas que secou ao longo dos séculos por causa da maldade e descuido dos homens com suas águas (supõe-se que todos os rios sagrados devam permanecer com sua pureza nascente). Por onde passam há santuários e templos, para purificação ou funerais junto às águas sagradas. Toda ablução nestes rios equivale a um rito de perdão e libertação das vidas passadas (*karma*), acelerando a reintegração do devoto na Totalidade transcendente do universo.

Tanto as montanhas do Himalaia quanto as águas femininas dos sete rios são lugares de irradiação hierofânica. A altitude das montanhas aponta para o céu infinito e é contemplada como assentamento da transcendência na Terra. O fluir das águas pelas cascatas, curvas e corredeiras é metáfora do cosmos que morre e nasce em seu ciclo existencial, imagem aplicável também à condição humana. Assim, montanhas e rios comunicam a divindade e dão acesso ao mistério de todas as coisas, latente entre o espaço e o tempo.

1.4 A "unidade dual" de todas as coisas

Esta complexa cosmogonia, ao mesmo tempo religiosa e filosófica, é construída de "unidades duais":
- desejo/consciência: no despertar do Uno primordial;
- atividade/repouso: no pulsar do universo, pela ação de Vishnu e Shiva;
- saber/não saber: na concepção de Brahma como Sabedor não sabido;

---

[10] Em Allahabad, na Índia, celebra-se o Kumbha-Mela (festa do vaso), que remonta à mitologia: ao carregar o vaso de néctar para o céu, Vishnu deixou cair quatro gotas, assinalando quatro lugares sagrados, um deles na confluência desses rios.

- masculino/feminino: nas manifestações femininas da Trimurti;
- exterior/interior: no *atman* que "in-habita" a pessoa e no olhar de Shiva;
- criação/aniquilação: na ação cósmica da Trimurti.

Aparentemente paradoxais, essas "unidades duais" se resolvem com a noção de *ciclo*, que dinamiza a alternância contínua de cada aspecto. O próprio par divino Vishnu-Shiva é a "unidade dual" de Brahma, o Uno consubstancial ao universo. Assim se fixa no pensamento religioso hinduísta a noção de alternância cíclica entre períodos de criação e repouso cósmicos. O material simbólico e narrativo que a expressa se inspira nos elementos da natureza (fogo, ar, terra, água e éter), no giro dos planetas, do devir das estações e no "corpo-que-dança". Em cada peça deste material se inscrevem as "unidades duais" vistas anteriormente.

O ser humano vivencia esta unidade dual na condição de *atman* (porção individual do Brahman universal). O caminho védico prega a superação das divisões e a imersão total da pessoa no oceano cósmico de Brahman, onde o sujeito se faz "um" com toda a realidade existente. É a doutrina *advaíta* (dual, mas não dualista). Para atingir sua integração derradeira, no término do ciclo vital (*samsara*), o discípulo canta o mantra "Eu sou Brahma" (*aham Brahmasmi*), progride na ascese corporal e moral (*yoga*), pratica a meditação (*samadhi*) e cumpre ritos de libertação (*moksha*). As montanhas e os rios sagrados, habitados pelos diferentes avatares divinos, formam um grande templo natural.

O Hinduísmo védico não fixa o início ou fim último do cosmos, nem confere à humanidade uma superioridade ontológica entre as criaturas (distintamente da visão bíblica e corânica), e, sim alimenta o sistema social de castas superiores e inferiores. A visão cíclica da realidade remete a pessoa a um horizonte a-histórico, no qual o caminho religioso é proposto como um regresso ao infinito: o retorno contínuo à nascente atemporal de todas as coisas.[11] Por outro lado, esta visão cíclica vincula o ser humano às demais criaturas de

---

[11] Alguns autores falam de *regressus ad infinitum*, como DÍAZ, op. cit., p. 128.

modo radical, pois a humanidade partilha o mesmo *atman* (presença interior do único Brahma) com cada forma de vida e se insere no fluir da existência, comum a todos os seres. Esse vínculo existencial do ser humano com as criaturas, acompanhado de ações justas e benéficas, tem valor moral, educativo e funcional, legitimado nas hierofanias cósmicas seguidamente meditadas e celebradas. Nisto está o potencial ecológico do Hinduísmo védico, desafiado pelas condições econômicas, sanitárias e sociais da população hindu, majoritariamente pobre.

1.5 Krishna, deidade cósmica e pessoal

Na sequência dos Vedas e dos Upanishades, temos outro texto sagrado: o Bhagavad-Gita (200 a.C.). Esta narrativa apresenta Krishna não só como um importante avatar de Vishnu, mas como a suprema personalidade de Brahma finalmente revelada à humanidade. No texto, Krishna se mostra misericordioso e libertador do ciclo kármico.[12] Ele cancela a distinção de castas[13] e reivindica para si a adoração monoteísta, já que se apresenta como revelação pessoal de Brahma:

> Das letras, sou a primeira. Das palavras compostas, sou o composto dual. Sou também o tempo inexaurível. E dos criadores, sou Brahma (Bhagavad-Gita 10,33).

Para esta corrente do Hinduísmo, Krishna detém os atributos cósmicos (criador, sustentador e renovador) e pessoais (autoconsciente, amoroso e distinto das criaturas). Apresenta-se como personalidade única, da qual as demais divindades são aspectos ou pré-revelações:

> Eu sou o ritual, sou o sacrifício, a oferenda aos ancestrais, a erva medicinal, o canto transcendental. Sou a manteiga, o fogo e a oferenda. Eu sou o pai deste universo, a mãe, o sustentáculo e o avô. Sou o objeto do

---

[12] Cf. respectivamente, Bhagavad-Gita 11,44; 6,27 e 12,7-8.
[13] Cf. Bhagavad-Gita 9,32.

conhecimento, o purificador e a sílaba Om. Também sou o Rig-veda, o Sama-veda e o Yajur-veda (Bhagavad-Gita 9,17).

Aqueles que são devotos de outros deuses e que os adoram com fé, na verdade adoram apenas a mim, mas não me prestam adoração correta (Bhagavad-Gita 9,23).

Dos Vedas, sou o Sama-Veda. Dos semideuses, sou Indra, rei dos céus. Dos sentidos, sou a mente. Nos seres vivos, sou a força viva. De todos os Rudras, sou Shiva. Dos Yaksas e Raksasas, sou o senhor da riqueza [Kuvera]. Dos Vasus, sou Agni [o fogo] e das montanhas, sou Meru (Bhagavad-Gita 10,22-23).

Desse modo, a devoção amorosa a Krishna supera os sacrifícios védicos, na medida em que o Bhagavad-Gita supera os Vedas. A partir daí as mitologias anteriores são parcialmente relativizadas, consolidando o lugar prioritário de Krishna como senhor do cosmos:

Toda a ordem cósmica está sujeita a mim. Sob minha vontade, ela repetidas vezes manifesta-se automaticamente, e no final ela é aniquilada sob minha vontade (Bhagavad-Gita 9,8).

Eu sou a meta, o sustentador, a testemunha, a morada, o refúgio e o amigo mais querido. Sou a criação e a aniquilação, a base de tudo, o lugar onde se descansa e a semente eterna (Bhagavad-Gita 9,18).

Eu sou o princípio, o meio e o fim de todos os seres (Bhagavad-Gita 10,20).

A adoração de Krishna vai consolidar a corrente vishnuíta (centrada em Vishnu, de quem Krishna é ilustre avatar) e constitui um novo capítulo da complexa religião hinduísta, impregnado de amor devocional (*bhakti*) pela Suprema Personalidade de Deus. A doutrina *bhakti* ensina especialmente a:

- praticar a não violência;
- não prejudicar nenhum ser vivo, racional ou irracional;
- não roubar;
- não cometer adultério;
- não mentir ou proferir palavras inúteis;

- não difamar nem caluniar ninguém, mesmo que a matéria da difamação seja verdadeira;
- cultivar o autodomínio;
- cultivar a sinceridade;
- observar os deveres rituais;
- irmanar-se com as pessoas moralmente boas;
- praticar boas ações, com sabedoria e desapego.

Esta doutrina se chama "via da ação" (*karma yoga*) e afirma o devoto como sujeito proativo no bem, irmanado com todas as criaturas, racionais ou irracionais. O adorador de Krishna supera qualquer inação devida ao medo, ignorância ou fatalismo. Rompem-se as cadeias da "consciência inativa" (*purusha*) e da "inconsciência ativa" (*prakriti*) com uma nova proposta: o caminho da consciência ativa sobre a matéria inconsciente (*karma yoga*). Tal ensinamento favorece iniciativas responsáveis pela justiça, paz e harmonia em relação ao próximo e em relação à natureza:

> Inteligência, conhecimento, estar livre da dúvida e da ilusão, clemência, veracidade, controle dos sentidos, controle da mente, felicidade e aflição, nascimento, morte, medo, destemor, não violência, equanimidade, satisfação, austeridade, caridade, fama e infâmia – todas essas várias qualidades dos seres vivos são criadas apenas por mim (Bhagavad-Gita 10,4-5).

É uma doutrina de cunho pacifista, ecológico e educativo. Não por acaso, Mahatma Gandhi se inspirou nesta corrente religiosa.

Referências bibliográficas

BRANDON, S. G. F. (Dir.). Cosmogonía (Hinduísmo). *Diccionario de religiones comparadas*. Madrid: Cristiandad, 1975. v. 1, p. 426-427.

CROATTO, José S. *As linguagens da experiência religiosa*. São Paulo: Paulinas, 2001.

DÍAZ, Carlos. *Manual de historia de las religiones*. Bilbao: Desclée de Brouwer, 1998.

GUERREIRO, Silas (Org.). *O estudo das religiões*. São Paulo: Paulinas, 2003.
KÜNG, Hans. *Religiões do mundo*: em busca de pontos comuns. Campinas: Verus Editora, 2004.
LEMAITRE, Solange. *Hinduísmo ou Sanátana Dharma*. São Paulo: Flamboyant, 1958.
MOREIRA, Alberto da Silva; OLIVEIRA, Irene Dias de. *O futuro da religião na sociedade global*. São Paulo: Paulinas, 2008.
PRABHUPADA, Swami. *Bhagavad-Gita como ele é*. 2. ed. Los Angeles/São Paulo: The Bhaktivedanta Book Trust, 1995.
SHARMA, Arvind. *Our religions*. New York: Harper Collins Publishers, 1993.
TERRIN, Aldo Natale. *Introdução ao estudo comparado das religiões*. São Paulo: Paulinas, 2003.

2
Budismo

2.1 Arquitetura sem arquiteto

"Ó monges, o *samsara* é inconcebível. Nunca se descobrirá se houve um primeiro começo dos seres."[1] Esta frase de Buda reflete a posição budista a respeito da criação: o universo é uma arquitetura tão admirável e frágil na sua beleza e profundidade, que parece secundário (senão inútil) perguntar-se sobre o arquiteto. Ademais, perscrutar seu início é uma questão de pouquíssimo interesse religioso, diante da enorme tarefa de iniciar a humanidade no caminho do progresso moral e espiritual aberto por Buda – título místico do príncipe Sidarta Gautama. Não se professa nenhuma divindade criadora, nem alguma geração *ex nihilo* (a partir do nada). Há alguns emblemas interpretativos da realidade, como o Buda Grande Sol (que abordamos a seguir), mas não existe uma doutrina da criação. A este respeito, o Dharma (caminho religioso budista) adota uma postura sóbria: o universo possui uma existência incomensurável e está aí, como dado evidente. O que seguramente tem início, meio e fim é o conhecimento humano sobre o universo. Esse conhecimento, sim, pode contribuir para o despertar sapiente da pessoa humana (*bodhi*).

2.2 O desenho do mundo

O Budismo adota basicamente a cosmologia hindu, deixando de lado, porém, as especulações cosmogônicas. Ainda assim, apenas

---

[1] Samyutta-Nikaya 15,5: aqui Buda se refere ao *samsara*, o ciclo da vida que se efetua por contínuas reencarnações, como ensina o Budismo.

três escolas esboçam o desenho do mundo: Theravada, Sarvastivada e Yogachara. Em linhas gerais, o universo é dividido em três mundos ou existências: sensível (*kama-bhava*), da forma (*rupa-bhava*) e informe (*arupa-bhava*).[2]

a) Mundo da existência sensível

O planeta que conhecemos se localiza nesta primeira esfera (*kama-bhava*). É constituído de terras circulares e concêntricas, ao redor do monte Meru, que é o ponto mais alto e eixo de rotação da Terra (visão herdada do Hinduísmo). Acima estão os céus, habitados pelas divindades superiores (*devas*). Abaixo estão os ínferos, habitados pelas entidades inferiores (*asuras*) e espíritos de homens e animais (*pretas*). Os *devas* moram nos céus acima do monte Meru – que é o eixo do mundo. Estes céus se dividem em trinta e três patamares, cada qual habitado por um dos trinta e três deuses (panteão admitido por algumas escolas budistas). O 1º patamar pertence a Yama, deus da morte: ali nunca anoitece. O 2º patamar pertence ao deus Tusita e hospeda o Buda escatológico, que se chama Buda Maytrea. O 3º e 4º patamares são reservados ao desejo e ao pensamento, que geram novos karmas. Saltando para o último patamar, temos a morada de Mara, o maligno, que deste modo reina sobre toda a existência sensível.

b) Mundo da existência formal

Conhecido como *Rupa-bhava* ou "mundo do fogo material". Caracteriza-se pela ausência dos três sentidos: paladar, olfato e tato; há apenas a visão, a audição e a sensibilidade mental (o sexto sentido para o Budismo). Os habitantes desta esfera preservam a forma sensível, embora lhes seja dispensável. Segundo a escola Theravada, este mundo tem 16 céus, que correspondem aos graus da meditação (*dhyana*).

---

[2] Cf. BRANDON, S. G. F. (Dir.). Cosmología (Budismo). *Diccionario de religiones comparadas*. Madrid: Cristiandad, 1975. v. 1, pp. 430-433.

c) Mundo da existência sem forma

Denominado *Arupa-bhava* ou simplesmente "mundo imaterial". O mais elevado dos mundos; dispensa os sentidos da visão e da audição, restando apenas a sensibilidade mental (desenvolvida pela alta *dhyana* – meditação). Para a escola Yogachara, é o mundo da consciência pura. Possui quatro céus: o céu do espaço infinito, o céu da consciência infinita, o céu da inexistência e o céu nem da consciência nem da inconsciência. Estes céus são habitados por aqueles que atingiram a iluminação suprema (*bodhi*).

***

O Budismo do Grande Veículo (*mahayana*, mais popular) e o Budismo do Pequeno Veículo (*hinayana*, centrado na vida monástica) concordam com esta concepção dos três mundos. A partir daí, apenas o Budismo mahayana acrescenta esferas ainda superiores, regidas pelos budas que vieram depois de Sidarta Gautama. Essas esferas coincidem com o nirvana eterno, acima do mundo sensível, do mundo da forma e do mundo informe. É difícil compreender tal noção com categorias ocidentais, pois à primeira vista nos parece uma versão sutil de niilismo religioso. Uma alternativa honesta seria abordar esta cosmologia na ótica apofática, sob a qual as realidades absolutas constituem um mistério tal, que só podem ser afirmadas pela via da negação. O nirvana seria um estado inefável, cuja plenitude se aproxima do vazio, já que é a superação dos sentidos, da forma e do informe. Em definitivo, é uma realidade só compreensível pela experiência: desafia nossos conceitos, convidando-nos à introspecção ativa e silenciosa.

2.3 Atributos cósmicos do Buda Vairocana

O Budismo tibetano incorporou parte da mitologia indiana e a reelaborou a seu modo. Disso resultou a figura do Vairocana – o Buda Grande Sol. Com base no *Tantra* (antigo cânon de textos budistas), o Sol é concebido como uma das formas do Buda – agora divinizado, distinto do Sidarta Gautama histórico. O Buda Grande Sol ensinou sobre o mistério da palavra, da mente e do corpo, cuja natureza participa da Palavra-Mente-Corpo cósmico. Esta tríade organiza toda a realidade e é personificada pelo Vairocana. Nesse sentido, Buda ganha contornos de um cosmos personificado.

Este Budismo tântrico difere de outras formas de Budismo (como o Zen), pois segue um cânon próprio, cultua Buda como deidade e incorpora muitas peças da mitologia ancestral. Apesar de sua coloração esotérica, o Budismo tibetano cultiva forte nexo com o cosmos, visto como manifestação búdica da Palavra-Mente-Corpo universais.

Uma de suas expressões mais eloquentes do ponto de vista simbólico é a *mandala* – composição geométrica minuciosa, feita com areia colorida sobre o chão. Com desenhos variados, as *mandalas* representam aspectos da ordem cósmica, como equilíbrio e beleza. Parecem castelos quadriculares, cidades harmoniosas ou flores de lótus. Contudo, basta um sopro para desfazê-las! O desmanche das *mandalas* indica a provisoriedade do real. Fazê-las e desfazê-las são duas faces do mesmo processo, ante as "ilusões" da existência: fluente, mas provisória; maravilhosa, porém frágil; nova e sempre antiga. O budista contempla a existência como se fosse uma grande *mandala* onde poderá discernir o que for duradouro e bom, para fazer escolhas justas e sábias.

2.4 Atributos éticos do Buda Amida

Há uma vertente devocional do Budismo que se concentra no Buda da Luz Infinita – em japonês, Buda Amida. Ele personifica a misericórdia, a compaixão, a sabedoria e o amor infinitos. Sua figura remete ao Buda Primordial autoexistente, intermediário entre a realidade suprema (inefável) e a humanidade (provisória). Crer nele assegura o renascimento no paraíso. Seu culto inspirou um código moral e religioso baseado em compaixão, altruísmo e generosidade. Esta forma de Budismo valoriza o *bodhisattva* – discípulo que faz voto de buscar o despertar para ajudar a libertar todos os seres das causas do sofrimento. Esta vertente devocional corrobora a "ética da compaixão universal" presente no Dharma.

2.5 A interdependência-impermanência--vacuidade

Unindo as peças da cosmologia budista (silêncio sobre a cosmogonia, ascensão da consciência à inefabilidade do nirvana, interpretação cósmica do Buda e ética da compaixão universal) nos perguntamos: Existe um paradigma de fundo que acolhe e encaixa essas peças? Ou, invertendo a questão: Qual paradigma essas peças constroem?. Pois a contribuição ecológica do Budismo não acontece só no primeiro plano, das concepções, mas no segundo plano (mais profundo) do paradigma que as sustenta. Em nosso estudo, percebemos quatro afirmações indicadoras do paradigma de fundo do Budismo.

a) O real vai além do sensível, da forma e do informe, da consciência e da inconsciência

A sucessão ascendente dos mundos sensível, da forma e do informe – superada uma vez mais pelas esferas superiores do nirvana imutável – sugere que a realidade (na visão budista) ultrapassa tanto o que pode ser captado pelos sentidos quanto as expressões formais e, até mesmo, a ausência de forma. Do ponto de vista conceitual, é um movimento de abstração exigente, que esvazia a consciência das noções e imagens habituais, limpando-a totalmente – como uma casa que se prepara radicalmente para um hóspede novo, sempre presente, mas ainda não acolhido. A cada patamar, a consciência se esvazia: deixa as expressões sensíveis, deixa a si mesma e despe-se até mesmo da inconsciência. O que resta, então? Resta uma epistemologia sem conceitos, sem impressões, sem consciência ou inconsciência. Resta o ser em ato puro (diriam os aristotélicos). Por isso o Budismo ortodoxo é estruturalmente ateu, já que o ser em ato puro (no caso, o ser humano no estado de nirvana imutável) coincidiria de algum modo com Deus. As tradições abraâmicas resolvem isto com a *unio mystica* do sujeito com a divindade. Mas o Budismo (desprovido da noção de graça divina e renunciando até mesmo à noção de sujeito) segue raciocínio coerente com seus pressupostos e silencia a respeito de Deus. Temos apenas o ser, num inimaginável estado de simples realidade, nua de conceitos, de consciência e de inconsciência. Se não há Deus, onde, afinal, este ser habita? Qual é seu lócus ontológico?

b) O real reside na vacuidade, onde o ser, despojado das ilusões, encontra seu lar

Para o Budismo, o lócus ontológico do ser (e, enfim, da simples realidade) é a vacuidade: o não sensível, o não conceitual, despido de consciência e de inconsciência. Há um grande silêncio sobre a subjetividade – seja humana, seja divina. Fala-se do conhecimento, mas não do cognoscente. Afirma-se a existência universal, mas nega-se o existente particular. Por quê? Porque o ego é uma ilusão, fonte de desejos e sofrimento. Segundo o Dharma, a pessoa deve esvaziar-se do ego, criando dentro de si mesma este espaço de vacuidade, para simplesmente ser com todas as criaturas, que simplesmente são. A vacuidade é o lócus ontológico da pessoa e de todas as coisas do universo, pois tudo o que é partilha a mesma ontologia. Disto se conclui que a pessoa humana se distingue das demais criaturas pela sua condição racional, mas não por algum estatuto ontológico próprio. A racionalidade é apenas uma condição e uma qualidade, sem determinar uma ontologia, tampouco alguma "imagem e semelhança" com Deus – já que o Budismo se cala sobre o divino. Não havendo substância racional distinta, nem divindade alguma, a que serviria essa vacuidade?

c) A vacuidade é o espaço da infinitude

A vacuidade serve para abrigar a transcendência. Já que não se afirma a transcendência da pessoa humana (racionalidade distinta e perpetuada na eternidade) nem do Deus Criador (que nas tradições abraâmicas é o lócus do ser), o Budismo fala da transcendência em termos de *infinitude*. O Dharma professa quatro infinitudes:

- Equanimidade: reconhecimento da mesma natureza a todos os seres, eliminando o apego da pessoa às coisas que aparentam ter uma existência própria (mas não têm, pois isto é pura ilusão).
- Bondade: desejo de que todos os seres despertem para a realidade da felicidade e das suas causas.
- Compaixão: propósito de que todos os seres se libertem do sofrimento causado pela ilusão de que as coisas têm existência própria (fonte de apegos e desejos enganosos).
- Alegria: resultado imediato do reconhecimento das duas infinitudes anteriores (bondade e compaixão infinitas).

Essas infinitudes, também denominadas "quatro incomensuráveis", traduzem o que seria transcendência para o Budismo. Elas se baseiam na "interdependência" e "impermanência", que são a natureza última de todas as coisas, do universo inteiro. Pois tudo está ligado a tudo (as partes entre si, as parte com o todo, o todo com as partes), formando uma única ontologia universal. Nesse sentido, realidades ontológicas distintas e próprias seriam "ilusões" insustentáveis. Daí concluir que os seres do universo são *interdependentes* (vinculados entre si por uma ontologia comum) e *impermanentes* (provisórios na sua aparência individual, pois não têm ontologia própria).

2.6 Budismo e *Deep Ecology*

Em certo sentido, o paradigma da interdependência-impermanência-vacuidade se aproxima da *Deep Ecology* (Ecologia Profunda).[3] Este movimento pretende superar a visão ecoantropocêntrica, que distingue o ser humano ontológica e moralmente, na qualidade de administrador dos bens criados. Em linhas gerais, a *Deep Ecology* argumenta que tal visão é equivocada em si mesma, além de insufi-

---

[3] Cf. FIGUEIREDO, Orlando. Estabelecendo pontes entre o Ocidente e o Oriente: um contributo da perspectiva budista na educação para a sustentabilidade. *Interacções*, Peniche, 3(2006), pp. 122-150.

ciente para a reeducação ambiental da humanidade: o ser humano não teria estatuto ontológico superior, nem central, sendo apenas uma manifestação consciente da ontologia vital, que habita o organismo maior e autorreferido chamado Gaia (Planeta Terra). O paradigma budista se aproxima desta corrente, já que professa uma única ontologia para todos os seres e sua interdependência mútua.

As demais religiões, sobretudo abraâmicas, admitem a interdependência dos seres da biosfera – fato, aliás, constatado pela Ciência Ecológica a partir do estudo dos biomas e das biocenoses presentes nos ecossistemas.[4] Mas o Judaísmo, o Cristianismo e o Islamismo mantêm a distinção ontológica do ser humano, com base na sua subjetividade racional (*lógos* e consciência reflexa), na sua moralidade (*éthos* e livre-arbítrio) ou na sua similitude com o ser divino (*imago Dei* e singularidade ontológica). Enquanto a *Deep Ecology* tende para o universal ontológico (igualdade radical das criaturas), estas religiões tendem para o universal corresponsável (papel específico do ser humano inserido no meio ambiente).

A nosso ver, o Budismo oferece elementos de afirmação da *Deep Ecology*, mas não é absorvido por ela. O Budismo pode dialogar construtivamente seja com a Ecologia Profunda, seja com as religiões abraâmicas. Pois a interdependência-impermanência-vacuidade ensinada pelo Dharma é um paradigma universal amadurecido pela visão de sua própria definitividade, cujo desenho presente e futuro não cancela a participação histórica e consciente da pessoa humana. Pois enquanto busca o nirvana, a pessoa se afirma como sujeito de valores e responsabilidades em seu caminho na Terra. Para o Budismo, a Terra é o lócus mediador do ser, seu lugar de contemplação, relacionamento e evolução moral-espiritual. Não há como atingir a vacuidade última sem o reto peregrinar na Terra.[5] Quanto mais a humanidade e o planeta forem respeitados, mais se poderá avançar no Dharma, passando do lócus mediador ao lócus ilimitado. Justa-

---

[4] Cf. PENA-VEJA, Alfredo. *O despertar ecológico*. Rio de Janeiro: Garamond, 2005.
[5] Cf. DALAI LAMA. *Uma ética para o novo milênio*. Rio de Janeiro: Sextante, 2000. pp. 203-211.

mente para tal propósito existem as Oito Regras de conduta estabelecidas por Buda.

2.7 "Caminho óctuplo" e ecologia

As Oito Regras de conduta, conhecidas como "caminho óctuplo", orientam a pessoa na prática do Dharma, com consequências sociais, morais e ecológicas:

- Visão adequada – reconhecer as quatro verdades essenciais: o sofrimento humano existe; a origem deste sofrimento se deve aos desejos egocêntricos; a eliminação dos desejos egocêntricos faz cessar o sofrimento; é possível trilhar o caminho de libertação dos sofrimentos, proposto por Buda.

- Intenção adequada – manter a paz, a bondade e a compaixão como intenções que antecedem as ações.

- Discurso adequado – não mentir nem agredir verbalmente o próximo.

- Ação adequada – agir tendo como propósito o bem de todos os seres.

- Meios de subsistência adequados – que possibilitem a subsistência da pessoa sem causar sofrimentos aos outros.

- Esforço adequado (em relação ao corpo) – abster-se de matar e preservar a vida; abster-se de roubar e ser benevolente; evitar uma conduta sexual que provoque o sofrimento alheio.

- Atenção adequada (em relação à palavra) – abster-se de mentir e dizer sempre a verdade; abster-se de maldizer e apaziguar as discórdias; abster-se de injuriar e falar com calma e simpatia.

- Concentração adequada (em relação à mente) – abster-se de invejar e alegrar-se com o bem dos outros; abster-se de ser mal-intencionado e colocar boa vontade nos seus atos; abster-se de adotar perspectivas dualistas, buscando reconhecer a unidade na diversidade.[6]

---

[6] As três últimas regras se referem ao corpo, à palavra e à mente, que são também objeto da doutrina do Buda Grande Sol, mencionada antes.

Indiretamente, todas as Oito Regras têm alcance ecológico, mediante o comportamento humano. Mas três se destacam pelo teor ambiental que expressam:

- Agir tendo como propósito o bem de todos os seres: sugere a precaução, a prevenção e a previsão dos impactos ambientais de nossos atos.

- Privilegiar os meios que possibilitem a subsistência da pessoa sem causar sofrimentos aos demais: pede alternativas de produção e comércio que respeitem os recursos naturais, em previsão das futuras gerações.

- Abster-se de matar e preservar a vida: nos alerta contra a depredação, o consumismo e o desperdício, para praticar a preservação e a renovação do meio vital; faz-nos refletir também sobre os hábitos alimentares.

Referências bibliográficas

BRANDON, S. G. F. (Dir.). Cosmología (Budismo). *Diccionario de religiones comparadas*. Madrid: Cristiandad, 1975. v. 1, pp. 430-433.

CROATTO, José S. *As linguagens da experiência religiosa*. São Paulo: Paulinas, 2001.

DALAI LAMA. *Uma ética para o novo milênio*. Rio de Janeiro: Sextante, 2000.

DÍAZ, Carlos. *Manual de historia de las religiones*. Bilbao: Desclée de Brouwer, 1998.

FIGUEIREDO, Orlando. Estabelecendo pontes entre o Ocidente e o Oriente: um contributo da perspectiva budista na educação para a sustentabilidade. *Interacções*, Peniche, 3(2006), pp. 122-150.

GUERREIRO, Silas (Org.). *O estudo das religiões*. São Paulo: Paulinas, 2003.

PENA-VEGA, Alfredo. *O despertar ecológico*. Rio de Janeiro: Garamond, 2005.

SHARMA, Arvind. *Our religions*. New York: Harper Collins Publishers, 1993.

3
Candomblé

3.1 A obra da criação

A cosmovisão nagô, de matriz cultural iorubana,[1] descreve a criação do mundo como obra de Oxalá (ou Obatalá), por ordem de Olodumaré. Nos mitos criacionais, Olodumaré é eminentemente criador, confundindo-se certas vezes com a divindade suprema Olorum – pai de Oxalá. Há narrativas que os distinguem; outras que os identificam. Uma interpretação possível seria ver em Olodumaré a face criadora de Olorum.[2] Ouçamos o que diz a tradição:[3]

> Num tempo em que o mundo era apenas imaginação de Olodumaré, só existia o infinito firmamento e abaixo dele a imensidão do mar. Olorum, Senhor do Céu, e Olocum, a Dona dos Oceanos, tinham a mesma idade e compartilhavam os segredos do que já existia e do que ainda existiria. Olorum e Olocum tiveram dois filhos: Oxalá, o primogênito, também chamado Obatalá, e Odudua, o mais novo. Olorum-Olodu-

---

[1] "A designação iorubá, que na origem aplicava-se a um grupo étnico localizado em torno de Oyó, capital da Nigéria antiga, tornou-se um termo coletivo, aplicado pelos franceses a diversas tribos nigerianas. Igualmente o termo nagô designa a língua falada por todos os povos ioribanos, fixados no Daomé" (CINTRA, Raimundo. *Candomblé e Umbanda*: o desafio brasileiro. São Paulo: Paulus, 1985. p. 36).

[2] Há variantes mitológicas que atribuem a atividade criadora ao orixá Oraniã, a mando de Olodumaré (Olorum enquanto criador). Estudiosos como Pierre Verger, Juana Elbein dos Santos e Reginaldo Prandi investigaram estas versões, examinando sua procedência africana e a reelaboração ocorrida no Brasil. Concluem que as versões diferenciadas coexistem cada qual com suas ênfases, como também coexistem as distintas "nações" no Candomblé brasileiro (Nagô, Angola, Congo). Essas diferenças demonstram a riqueza cultural da tradição afro-brasileira, sem comprometer a legitimidade do culto dos orixás desta ou daquela "nação".

[3] Neste capítulo abordamos, sobretudo, o Culto dos Orixás, no intuito de contemplar um dos elementos do Candomblé assimilado também pela Umbanda.

maré encarregou Obatalá, o Senhor do Pano Branco, de criar o mundo. Deu-lhe poderes para isso. Obatalá foi consultar Orunmilá, que lhe recomendou fazer oferendas para ter sucesso na missão. Mas Obatalá não levou a sério as prescrições de Orunmilá, pois acreditava somente em seus próprios poderes.

Odudua observava tudo atentamente e naquele dia também consultou Orunmilá. Orunmilá assegurou a Odudua que, se ele oferecesse os sacrifícios prescritos, seria o chefe do mundo que estava para ser criado. A oferenda consistia em quatrocentas mil correntes, uma galinha com pés de cinco dedos, um pombo e um camaleão, além de quatrocentos mil búzios. Odudua fez as oferendas. Chegado o dia da criação do mundo, Obatalá se pôs a caminho até a fronteira do além, onde Exu é o guardião. Obatalá não fez as oferendas nesse lugar, como estava prescrito. Exu ficou muito magoado com a insolência e usou seus poderes para se vingar de Oxalá. Então, uma grande sede começou a atormentar Obatalá. Obatalá aproximou-se de uma palmeira e tocou seu tronco com seu comprido bastão. Da palmeira jorrou vinho em abundância e Obatalá bebeu do vinho até embriagar-se. Ficou completamente bêbado e adormeceu na estrada, à sombra da palmeira de dendê. Ninguém ousaria despertar Obatalá.

Odudua tudo acompanhava. Quando se certificou do sono de Oxalá, Odudua apanhou o saco da criação que fora dado a Obatalá por Olorum. Odudua foi a Olodumaré e lhe contou o ocorrido. Olodumaré viu o saco da criação em poder de Odudua e confiou a ele a criação do mundo. Com as quatrocentas mil correntes Odudua fez uma só e por ela desceu até a superfície de ocum (o mar). Sobre as águas sem fim, abriu o saco da criação e deixou cair um montículo de terra. Soltou a galinha de cinco dedos e ela voou sobre o montículo, pondo-se a ciscá-lo. A galinha espalhou a terra na superfície da água. Odudua exclamou na sua língua: *Ilé nfé!* – que é o mesmo que dizer "a Terra se expande!", frase que depois deu nome à cidade de Ifé, cidade que está exatamente no lugar onde Odudua fez o mundo. Em seguida, Odudua apanhou o camaleão e fez com que ele caminhasse naquela superfície, demonstrando assim a firmeza do lugar. Obatalá continuava adormecido. Odudua partiu para a Terra para ser seu dono.[4]

---

[4] PRANDI, Reginaldo. *Mitologia dos Orixás*. São Paulo: Companhia das Letras, 2001. pp. 504-505.

Em outras versões, privilegia-se Oxalá como realizador da criação, a mando de seu pai Olorum-Olodumaré, sem citar o irmão mais jovem Odudua. Já os elementos da água ou do mar abissal, da terra e dos animais míticos (galinha e camaleão) se repetem numa e noutra versão, com função análoga. Prosseguindo, a narrativa descreve o despertar de Oxalá-Obatalá, que cria, enfim, todos os seres vivos e o ser humano:

Então, Obatalá despertou e tomou conhecimento do ocorrido. Voltou a Olodumaré contando sua história. Olodumaré disse: "O mundo está criado. Perdeste uma grande oportunidade". Para castigá-lo, Olodumaré proibiu Obatalá de beber vinho de palma para sempre, ele e todos os seus descendentes. Mas a missão não estava ainda completa e Olodumaré deu outra dádiva a Obatalá: a criação de todos os seres vivos que habitariam a Terra. E assim Obatalá criou todos os seres vivos e criou o homem e criou a mulher. Obatalá modelou em barro os seres humanos e o sopro de Olodumaré os animou. O mundo agora se completara. E todos louvavam Obatalá.[5]

A semelhança com a narrativa do Gênesis é evidente, apesar das distinções culturais entre o povo nagô e o povo israelita. Trata-se, portanto, de uma possível imagem arquetípica, inspirada no profundo nexo entre Terra e humanidade, centrada nos elementos vitais (húmus, água, sopro) e na habilidade criadora dos deuses e dos humanos (modelagem, olaria, tecelagem, agricultura e pecuária). O céu e o mar abissal, ambos infinitos, definem a ordem primordial dupla: o infinito superior, celeste e masculino (*orum*); o infinito inferior, aquático e feminino (*ocum*), cada qual com sua divindade soberana, formando um par sagrado (princípio da *coniunctio* criadora). A galinha e o camaleão são entidades míticas, atribuídas à potência divina misteriosa, movendo-se no "tempo antes do tempo" anterior aos "dias e noites" da criação do mundo.

---

[5] Ibid., p. 506.

3.2 Cosmovisão

A leitura de outras versões míticas à luz de uma hermenêutica comparativa nos permite colher, ainda, cinco aspectos particulares da cosmovisão iorubana.

a) O cosmos tem dois planos constitutivos originários: aiyê *(físico)* e orum *(metafísico)*

Segundo Juana Elbein dos Santos,

[...] os nagô pensam que a existência do cosmos transcorre em dois planos: 1) o *aiyê*, que compreende o universo físico concreto à vida dos seres naturais que o habitam, particularmente os homens (a humanidade); 2) *orum*, isto é, o além, o espaço sobrenatural, o outro mundo. Trata-se da concepção abstrata de algo imenso, infinito e distante. É uma vastidão ilimitada; habitada por seres ou entidades sobrenaturais. Os que traduzem *orum* por céu, firmamento ou paraíso podem induzir o leitor a erro ou deformação do conceito em questão. O *orum* é um conceito abstrato e, portanto, não deve ser concebido como localizado em nenhuma das partes do mundo material. Cada indivíduo, cada árvore, cada animal, cada cidade possui um duplo espiritual e abstrato no *orum*.[6]

b) Com a separação de orum e aiyê *surgiu o* sanmô *(céu-atmosfera)*

Os mitos revelam que, em épocas remotas, o *aiyê* e o *orum* não estavam separados. A existência não se desdobrava em dois níveis e os seres dos dois espaços transitavam livremente de um para o outro. Foi depois de uma violação de uma interdição que *orum* se separou do *aiyê* e que a existência se desdobrou; por isso os seres humanos não têm mais a possibilidade de ir ao *orum* e de lá voltar vivos. Dois *itans* (narrativas míticas) relativas a tempos imemoriais e transmitidas oralmente, particularmente por babalaôs (sacerdotes de ifá), relatam esta violação,

---

[6] Apud CINTRA, op. cit., p. 47.

cuja consequência foi a separação do *orum* e o surgimento de *sanmô*, o céu-atmosfera. Num deles, um ser humano tocou indevidamente o *orum* com mãos sujas, o que provocou a irritação de Olorum, entidade suprema. Outro fala de um rapaz que, andando sem parar, transpõe os limites do *orum* e do *aiyê*, além do horizonte material, sendo repelido por Orixalá, que para detê-lo lança seu cajado ritual (*opasoró*), que veio cravar-se no *aiyê*, separando-o para sempre do *orum*. Entre um espaço e outro apareceu o *sanmô*, céu-atmosfera. O *oforufú* (sopro ou ar divino) separa os dois níveis da existência.[7]

c) O cosmos atual se estrutura como aiyê-orum e ilé-sanmô

Ficam assim constituídos dois pares de noções: *aiyê-orum* = mundo--além, e *ilé-sanmô* = terra-céu. O *orum* é o duplo abstrato do *aiyê*. Não é apenas o céu material, mas todo o espaço sobrenatural. Por isso a denominação Olorum, aplicada ao Ser Supremo, não significa apenas um deus ligado ao céu material, mas que é ou possui todo o espaço abstrato paralelo ao *aiyê*, sendo pois o senhor de todos os seres sobrenaturais, das entidades divinas, dos ancestrais e dos duplos espirituais de tudo o que vive. A representação simbólica do universo nagô é uma cabaça formada de duas metades unidas, a metade inferior representando o *aiyê* e a metade superior representando o *orum*.[8]

d) Ao criar os seres, Olodumaré irradiou axé (energia) e obá (direção)

Nos mitos cosmogônicos, quando Olorum decide criar a Terra e os demais seres vivos – confiando tal obra a Oxalá –, ele é designado como Olodumaré e irradia a energia primordial que possibilita a existência de todas as criaturas: o *axé*. O *axé* é energia dinâmica que concentra o poder gerador da existência em sentido amplo, simbolizado pela "bolsa" ou "saco da criação" (contendo o barro, a galinha

---

[7] Ibid., p. 48.
[8] Ibid.

e o camaleão). A irradiação do *axé* traz consigo o *obá* – o propósito, sentido ou direção que acompanha a energia criadora. Assim toda criatura é dinamizada por uma energia primordial (*axé*), dotada de um propósito particular (*obá*). Ambos garantem o lugar e o movimento de cada ser no cosmos:[9] tudo existe pelo *axé* e se move conforme *obá*.

e) O ser humano interfere na ordem criada

O Candomblé não propõe uma "ecologia sem humanidade", o que seria uma perspectiva ingênua e arriscada para a vida na Terra. Pois o livre-arbítrio faz com que o ser humano interfira na ordem criada, de modo benéfico ou maléfico.

3.3 A tríade Olófi-Olodumaré-Olorum

O pesquisador Z. Ligiero observa que,

> [...] de acordo com a cosmogonia iorubana, o Ser Supremo se projetou em três entidades: o Criador, em contato direto com os orixás e os homens, personificado em Olófi; a sujeição às leis da natureza, a lei universal em si mesma, definida como Olodumaré; e a força vital, energia universal, identificada com o Sol e personificada em Olorum.[10]

A tríade Olófi-Olorum-Olodumaré se encontra nas mitologias originais, já antes da chegada dos nagôs à América Latina:

- Olófi se automanifestou a partir do nada, gerando a si mesmo. Em categorias ocidentais, podemos dizer que representa o *deus absconditus* – pois vive retirado e poucas vezes vem ao mundo. É raramente lembrado no Candomblé brasileiro, pois seu aspecto de sábio com vestes brancas faz com que seja assimilado por Oxalá (Obatalá), considerado por muitos o pai dos outros orixás.
- Olorum representa a estabilidade majestosa do Ser Supremo. Seu nome significa senhor do céu. Transcendente e absoluto, ele se

---

[9] Segundo ELBEIN DOS SANTOS, apud CINTRA, op. cit., p. 49.
[10] LIGIERO, Zeca. *Iniciação ao Candomblé*. Rio de Janeiro: Record, 1993. pp. 39-40.

distingue dos orixás e dos humanos. Desde que *orum* se separou de *aiyê* a humanidade não tem acesso direto a Olorum, cultuando então as entidades intermediárias (orixás).[11] Em sentido popular, Olorum é identificado com o firmamento. Em sentido iniciático, ele é a potência vital estável, mas ociosa (*deus otiosus*).[12] Segundo a tradição nagô vigente no Brasil, foi Olorum que ordenou a criação a Oxalá, e não Olófi.

- Olodumaré, por sua vez, é o aspecto manifesto e criativo de Olorum. É, por assim dizer, o título cosmogônico de Olorum. Emprestando categorias ocidentais, ele representa o *deus operator* em sentido causal (enquanto Olorum é potência ociosa). Contudo, não se distingue das criaturas de modo absoluto, como ocorre na visão das religiões abraâmicas. Olodumaré preserva certa tendência panteísta, pois a tradição nagô acredita que tudo o que existe no plano físico é uma expressão desta divindade.[13]

3.4 Orixás e natureza

O espaço entre o mundo material (*aiyê*) e o mundo espiritual (*orum*) é ocupado pelos múltiplos orixás. O processo que configurou a personalidade e o culto dos orixás, da África ao Candomblé brasileiro, pode ser entendido em três movimentos ou vieses.

O primeiro viés é anímico: atribuir vida espiritual aos elementos e manifestações naturais, com "a crença de que cada objeto do mundo em que vivemos é dotado de um espírito".[14] Assim, a argila, as pedras e as colinas; o ar ou o vento impetuoso; o céu estrelado, o

---

[11] "Devido à sua grande força e pelo fato de todo poder residir Nele, Olorum – o senhor do Orum – não se manifesta através da incorporação no ser humano; sequer é cultuado durante a liturgia da festa, pois Nele reside a força vital de tudo que no mundo visível e invisível existe. A imensidão de sua força/poder não é suportável ao ser humano" (SANTOS, Edson Fabiano dos. *Religiões de matrizes africanas*. Rio de Janeiro: CEAP, 2007. p. 33).

[12] Opinião de alguns antropólogos, apud CINTRA, op. cit., p. 40.

[13] Cf. LIGIERO, op. cit., pp. 40-41.

[14] PRANDI, Reginaldo. *Segredos guardados*: Orixás na alma brasileira. São Paulo: Companhia das Letras, 2005. Capítulo "Os orixás e a natureza", p. 3, publicado no Portal da Religião Afro-brasileira.

sol e os trovões; a mata, a palmeira e as folhas curativas; os vários rios, fontes e lagos: cada qual possui um *animus* (espírito) que lhe dá movimento e humor.

O segundo viés é zoético: associar esses elementos às habilidades e ofícios necessários à vida, no sentido de sobrevivência e bem-estar da tribo. Temos o plantio, o cultivo e a colheita (ligados à terra, à água e ao sol); a olaria (ligada à terra, à água e ao fogo); o conhecimento de raízes e ervas medicinais (referente à mata, à palmeira e às folhas); a fabricação de artefatos em metal (com referência ao solo, às pedras e ao fogo); a localização de nascentes e o sucesso na pesca e na navegação (ligadas à água), e também a caça de animais (referente à mata). Essas práticas têm uma importância funcional e simbólica: são úteis à sobrevivência das gerações (*bios*) e expressam o aprimoramento do espírito humano, capaz de situar-se no mundo e orientar-se ao futuro (*zoé*).[15] Assim, o *animus* adquire habilidades relacionadas ao seu elemento identificador e isso dá origem a ritos que celebram ou reproduzem o plantio, a caça, a tempestade, o manuseio de ervas, o uso da água, a proteção durante tempestades, a caça, o domínio do fogo e dos metais etc.

O terceiro viés é memorial, quando o culto dos orixás fundiu-se com o culto dos antepassados: os ancestrais memoráveis (patriarcas, caçadores, reis, oleiros, adivinhos, sacerdotes, mensageiros, ferreiros, pescadores e curandeiros) foram compreendidos como orixás caracterizados por seus ofícios ou saberes específicos.[16]

Notemos que os sentidos anímico, zoético e memorial não se sucederam de modo estanque, como poderia parecer, mas tiveram um desenvolvimento complexo, do berço africano até sua configuração no Candomblé brasileiro.[17] A identidade e os atributos de cada orixá

---

[15] Usamos o termo grego *bios* para designar a geração biológica e corporal, enquanto *zoé* traduz a vida como plenitude de sentido e transcendência.

[16] Cf. PRANDI, *Segredos guardados*, cit.

[17] A percepção dos vieses anímico, zoético e memorial é um ensaio nosso, na tentativa de compreender e expor didaticamente o fenômeno; não pretendemos, com isso, propor alguma abordagem definitiva. Para outros olhares sobre os orixás, cf.: CARNEIRO, Edison. *Candomblés da Bahia*. Rio de Janeiro: Edições de Ouro, s/d, especialmente a introdução geral e o Capítulo IV. Também: SANTOS, op. cit., pp. 30-41.

se estabeleceram no decurso dos séculos, num processo de preservação e reedição das antigas narrativas, assimiladas pela racionalidade mítica africana e rememoradas continuamente nos ritos (celebração) e na oralidade (iniciação). Nos cultos originais nagôs e jejes, os orixás chegavam a quatrocentos. Mas as vicissitudes históricas da comunidade negra nas Américas, mais especificamente no Brasil, levaram à sua reclassificação em onze entidades principais: Exu, Ogum, Oxóssi, Obaluaiê, Ossaim, Oxumaré, Xangô, Oxum, Iemanjá, Iansã e Oxalá – o orixá rei, filho primogênito de Olorum. Cada qual tem sua genealogia e evolução simbólica, com núcleos mitológicos centrais e variantes periféricas, em que constatamos muitas peças dos três estágios vistos anteriormente.

No que se refere à origem da vida, Olodumaré pode ser compreendido como a face criadora de Olorum. Enquanto tal, ele é o princípio da vida universal em quem tudo se conecta, como nos explica o pesquisador Edson F. dos Santos:

> Vivemos num Universo vivo, onde a vida pulsa incessantemente. Este Universo foi criado por Olodumaré, o Espírito único que rege a criação. A vida latente nas rochas, a vida que flui nas plantas, a vida que pulsa no ser humano e nos outros seres vivos, ou seja, toda forma de vida, provém de uma única fonte; portanto, tudo e todos são, fundamentalmente, uma só Vida em Olodumaré, que ordenou aos orixás concretizarem a criação que Nele – Olodumaré – já existia.[18]

O criador Olodumaré (associado diretamente a Olófi-Olorum) é mantenedor eterno da força vital (*axé*) e princípio da harmonia cósmica:

> Se a base que sustenta todas as existências reais não fosse uma só, nós, seres vivos, teríamos de viver num mundo caótico, onde agiriam separadamente e a esmo diversas forças contraditórias. E se os seres vivos tivessem surgido de origens completamente diferentes, senão de Olodumaré através dos orixás, não seria possível nenhum entendimento entre eles e teriam de viver em eterna desarmonia, pois não haveria

---

[18] SANTOS, op. cit., p. 32.

como transformá-la, modificando o caos em harmonia. A força vital que constitui a base do Universo e de toda a natureza é uma só.[19]

Depois de criar o mundo em quatro dias (que é a semana africana), Olorum-Olodumaré estabeleceu uma aliança com a humanidade, simbolizada no arco-íris, e se recolheu nas alturas do *orum*, os céus. Delegou, então, a administração do mundo aos orixás, que se movem entre o *aiyê* (plano físico) e o *orum* (plano metafísico). Os onze orixás principais se comportam como "forças inteligentes da natureza"[20] e "entidades espirituais regentes".[21] Enquanto forças inteligentes da natureza vinculam-se ao cosmos, identificando-se ritualmente com os elementos e as manifestações naturais. Enquanto entidades espirituais regentes vinculam-se às pessoas, funcionando como arquétipos da personalidade humana.

3.5 Culto dos orixás e ecologia

Personagens complexos, os orixás permitem múltiplas classificações, conforme a genealogia, as cores, o gênero, os dias de culto e o cardápio ritualístico. Sua identificação maior, porém, está no vínculo de cada qual com a natureza:

Orixá	Elemento	Domínio	Atributo
Exu	Fogo	Caminhos, passagens, entradas, encruzilhadas, cemitério	Mensageiro entre *orum* e *aiyê*; fecundidade; zombador e vingativo
Ogum	Fogo, ar e ferro	Guerra, metalurgia	Força, violência, virilidade
Oxóssi	Mata	Árvores, matas, florestas	Caçador ágil; provê alimentos

---

[19] Ibid.
[20] LIGIERO, op. cit., p. 43.
[21] SILVA, Vagner G. *Candomblé e Umbanda*: caminhos da devoção brasileira. São Paulo: Ática, 1994. p. 68.

Orixá	Elemento	Domínio	Atributo
Obaluaiê	Terra	Cemitérios, barro	Saúde e doença
Ossaim	Folhas e plantas	Árvores, matas, florestas	Conhece o segredo da magia das plantas, domina a saúde e a doença
Oxumaré	Arco-íris	Fontes de água e poços	Representa a continuidade
Xangô	Raio e trovão	Pedreira, ímã e pedras de raio	Justo, possui riqueza e realeza; vaidoso
Oxum	Água doce	Rio, lago, fonte, cachoeira	Fertilidade, feminilidade, riqueza e amor
Iemanjá	Água salgada	Oceanos, mares e praias	Fertilidade, maternidade
Iansã	Vendaval, raio e tempestade	Cemitério e bambuzal	Sensualidade, impetuosidade e coragem (domina sobre os mortos)
Oxalá	Ar	Todos os lugares	Criador, rei, onipresente

Estes orixás podem se distribuir entre os quatro elementos da natureza – terra, água, fogo e ar –, indicando, deste modo, seu campo de atuação.[22]

a) Ewá e Iroko

Além dos onze orixás, outras duas entidades, Ewá e Iroko, têm um especial sentido ecológico. Ewá nasce como jovem bela e alegre, segundo a mitologia ancestral, transformando-se depois nos diferentes estados do elemento água: líquido, sólido e gasoso. Por isso,

---

[22] Sugestão de Zeca Ligiero na obra *Iniciação ao Candomblé*, pp. 46-47.

é considerada a rainha das mutações orgânicas e inorgânicas que ocorrem no planeta, seja no reino vegetal, seja no animal ou mineral. É ela quem preside o ciclo hidrológico, identificando-se com a neblina, as nuvens e a chuva que cai. Iroko, por sua vez, é muito singular por ser um orixá-árvore. Mas como a árvore *iroko* é típica da África, no Brasil este orixá é identificado à gameleira-branca. Uma passagem da mitologia ensina "que Iroko foi a única árvore que não morreu quando uma terrível seca assolou o planeta, por causa de uma briga entre o céu e a terra. É que, por ser uma árvore muito grande, Iroko está profundamente enraizado na terra, mas, ao mesmo tempo, toca com seus ramos e folhas as alturas celestiais".[23] Nos templos Iroko ocupa lugar de destaque. O seu tronco é considerado o cetro ou cajado de Olófi – uma das expressões da divindade suprema. Isto demonstra a importância das árvores (raízes e folhagem) no Candomblé, vinculadas diretamente à manutenção da vida e do ser humano: "Toda vez que Oxalá criava uma pessoa, criava também uma árvore" – diz a mitologia.

b) Identificação elemental

A visão animista presente na aurora do culto dos orixás perdurou e consolidou, no Candomblé, o vínculo entre religião e natureza. Este vínculo não é só nocional (baseado numa explicação filosófica do mundo), mas elemental (baseado na identificação ou personificação dos orixás com elementos naturais). Mais que uma filosofia, trata-se de uma metafísica bastante peculiar, de suporte cultual, transmitida oralmente e aberta a releituras continuadas.[24]

---

[23] LIGIERO, op. cit., p. 66. Note-se a semelhança com uma das figurações da árvore sefirótica da Cabala, porém invertida: as dez sefirot formam uma árvore com raízes no céu e os ramos na terra.

[24] O Candomblé, mesmo no seu conteúdo tradicinal e iniciático, tem traços historicamente jovens e abertos a contínuas interpretações. Sua visão de mundo e suas entidades permitem conexões criativas com o devir do tempo e a percepção do espaço, incrementando (sem trair) as antigas narrativas. Entre as obras de cunho inovador e ensaístico, citamos: BARCELLOS, Mario Cesar. *Os Orixás e o segredo da vida*: lógica, mitologia e ecologia. 4. ed. Rio de Janeiro: Pallas, 2005. Também: BOTAS, Paulo. *Carne do sagrado – Edun ara*: devaneios sobre a espiritualidade dos orixás. Petrópolis: Vozes; Rio de Janeiro: Koinonia, 1996.

c) Versão mítica da biodiversidade

Em seu conjunto, os orixás constituem uma versão mítica da biodiversidade. No Candomblé, preservar a natureza é preservar a religião; preservar a religião é preservar a natureza. Assim se preserva, pois, a vida. Há uma afirmação corrente no Candomblé que diz: *kosi ewé, kosi orisa* – "sem folha não há vida". O pesquisador E. Santos comenta:

> O colher das folhas trata-se de um grande ritual; algumas são encontradas facilmente, outras não. [...] Para a realização de um ritual de cura com as folhas sagradas, um dos elementos necessários para a efetivação de tal ato é a guarda do segredo. Pois nem todos possuem o preparo necessário para a manipulação das ervas. A teologia afro-brasileira ensina que o verdadeiro poder de Ossaim encontra-se nas folhas. As folhas nascidas das árvores e as plantas constituem uma emanação direta do poder sobrenatural da terra fertilizada pela chuva e, com este poder, a ação das folhas pode ser múltipla, para diversos fins. A colheita das folhas dever feita com extremo cuidado, para não destruir a árvore que as dá, e que possa se renovar, seguindo um preceito próprio para entrar no seu reino, fazer a colheita e prepará-las. Esta tarefa cabe aos mais velhos da casa, ou seja, aqueles que detêm o segredo das folhas.[25]

d) Sabedoria ecológica ancestral

O vínculo entre religião e natureza se mostra nos detalhes rituais: cada orixá requer os elementos e o cardápio adequado para traduzir sua função e lugar no cosmos. Isto fez com que o Candomblé desenvolvesse cuidados litúrgicos, alimentares e terapêuticos próprios: cultivo de folhas e ervas, tratamento de grãos, preparo de comidas, preservação das matas, higiene do uso ritual de animais e conhecimento de medicina natural. Assim, a mitologia dos orixás constitui uma fonte criativa de sabedoria no trato simbólico-prático da natureza. De um lado, conserva e dinamiza os valores religiosos tradicionais. De outro, é um precioso documento ecofôntico: regis-

---

[25] SANTOS, op. cit., pp. 27-28.

tra o saber ecológico das culturas africanas, fornece material útil à educação ambiental e incentiva práticas sustentáveis.[26]

Referências bibliográficas

BARCELLOS, Mario Cesar. *Os Orixás e o segredo da vida*: lógica, mitologia e ecologia. 4. ed. Rio de Janeiro: Pallas, 2005.

BOTAS, Paulo. *Carne do sagrado* – Edun ara: devaneios sobre a espiritualidade dos orixás. Petrópolis: Vozes/Rio de Janeiro: Koinonia, 1996.

CARNEIRO, Edison. *Candomblés da Bahia*. Rio de Janeiro: Edições de Ouro, s/d.

CINTRA, Raimundo. *Candomblé e Umbanda*: o desafio brasileiro. São Paulo: Paulus, 1985.

LIGIERO, Zeca. *Iniciação ao Candomblé*. Rio de Janeiro: Record, 1993.

PRANDI, Reginaldo. *Segredos guardados*: Orixás na alma brasileira. São Paulo: Companhia das Letras, 2005.

_____. *Mitologia dos Orixás*. São Paulo: Companhia das Letras, 2001.

SANTOS, Edson Fabiano dos. *Religiões de matrizes africanas*. Rio de Janeiro: CEAP, 2007.

SILVA, Vagner G. *Candomblé e Umbanda*: caminhos da devoção brasileira. São Paulo: Ática, 1994.

SOARES, Afonso M. L. *Interfaces da Revelação*. São Paulo: Paulinas, 2003.

VERGER, Pierre. *Orixás*. Salvador: Corrupio, 1981.

---

[26] Pierre Verger, Reginaldo Prandi e Afonso L. M. Soares apontam nesta direção. Cf. VERGER, Pierre. *Orixás*. Salvador: Corrupio, 1981; SOARES, Afonso M. L. *Interfaces da revelação*. São Paulo: Paulinas, 2003. pp. 215-237. PRANDI, Reginaldo. *Segredos guardados*, cit.

4
Judaísmo

4.1 Deus, terra e humanidade

a) "Para cultivar e guardar" (Gn 2,15)

As primeiras narrativas bíblicas da criação encontram-se no Livro do Gênesis (*Bereshit*), capítulos 1 a 11. O versículo de abertura diz: "No princípio, Deus criou o céu e a terra" (Gn 1,1). É uma forma complexiva de anunciar, desde já, que todas as coisas, das alturas do firmamento ao misterioso seio da Terra, são obras do Deus Criador. A narrativa segue estilo cosmogônico, partindo do abismo tenebroso e repleto de água, sobre o qual paira o sopro divino (*ruah Adonai*). Neste cenário primordial, de trevas e águas abissais, Deus inaugura sua obra criadora.

Na sequência, o texto descreve a criação da luz; a separação das águas celestes e terrestres, salgadas e doces; o estabelecimento do firmamento do céu com luminares (sol, lua, estrelas); a origem das espécies a partir da água (peixes, répteis, aves e animais), até o remate final com a criação do ser humano. Do ponto de vista literário, o Gênesis conjuga duas tradições teológicas: a tradição javista, que nomeia a Deus como IHWH ou Jahveh – donde a sigla "J"; e a tradição sacerdotal, que o nomeia como *Elohim* – indicada pela sigla "P", do alemão *Priester* = sacerdote.[1] As duas tradições compõem as narrativas de *Bereshit* e servem de plataforma para a secular reflexão

---

[1] Por respeito à hierofania do Sinai, que estabelece a máxima reverência pelo Nome de Deus, usamos daqui em diante o tetragrama impronunciável IHWH ou o traduzimos por Adonai (Senhor).

judaica sobre Deus, o universo e a criatura humana. A partir daí, esta reflexão se amplia na literatura sapiencial, talmúdica e mística.

O Gênesis circunscreve a criação em sete dias: seis de atividade e um de repouso (*shabat*). A atividade criadora de Deus é dinamizada pela potência de sua palavra (*dabar*) e de seu sopro (*ruah*), pelos quais as coisas são chamadas à existência. O número de "sete dias" indica completude e inteireza da obra divina, fundando o paradigma cronológico semanal, cadenciado pelo trabalho e pelo repouso. O *shabat* coroa o *kronos* como "dia santo" reservado ao repouso divino e também humano. Assim, durante o *shabat* Deus, o ser humano e as demais criaturas podem encontrar-se, restabelecendo a cada semana aquela comunhão originária inaugurada nos albores da criação. O Judaísmo traduz este ciclo cronológico na forma de ciclo litúrgico, coroado pelo Dia Sabático (o *shabat* a cada sete dias: Lv 25,2), ou pelo grande Ano Sabático (o *shabat* a cada sete semanas de anos: Lv 25,3). Esse repouso, semanal ou anual, tem conotações *ecológicas* – descanso da terra e das atividades produtivas; e *escatológicas* – prefiguração da futura plenitude do mundo em Deus.

No centro das narrativas, encontramos a pessoa humana, "imagem e semelhança" do Criador:

> Deus disse: "Façamos o homem à nossa imagem, como nossa semelhança, e que eles dominem sobre os peixes do mar, as aves do céu, os animais domésticos, todas as feras e todos os répteis que rastejam sobre a terra". E Deus criou o homem à sua imagem, à imagem de Deus ele o criou, homem e mulher ele os criou (Gn 1,26-27).

Mais adiante, lemos:

> Adonai plantou um jardim em Éden, no Oriente, e aí colocou o homem que modelara. [...] Adonai tomou o homem e o colocou no jardim de Éden para o cultivar e o guardar (Gn 2,8.15).

A criação da pessoa humana, homem e mulher, como "imagem e semelhança de Deus" (*imago Dei*) e seu posicionamento no jardim "das delícias" (*hortus delitiarum*) revelam a dignidade ontológica peculiar do ser humano, na visão bíblica, como ser livre e responsável na ordem da criação:

Notável é que, ao criar as pessoas humanas não se diga como para os outros animais, que são criados segundo a sua espécie (cf. Gn 1,21.24.25). Do ser humano predica-se que é criado "à nossa imagem, como nossa semelhança", isto é, de Deus (cf. Gn 1,26). Quando da criação dos animais os pronomes possessivos referiam-se a eles próprios, ao passo que na criação humana os pronomes possessivos referem-se a Deus. Isso significa que os seres humanos não têm o ponto de referência em si mesmos, mas em Deus. A espécie humana é feita para remeter a Deus. As demais criaturas são referidas à terra, ao ar e ao mar. [...] Mais importante que qualquer obra anterior, a criação do homem representa uma decisão divina sem precedentes. O agir exclusivo e característico de Deus, indicado pelo verbo "bara", alcança significado pleno: usado por três vezes em Gn 1,27, ressalta que nessa criatura o agir criador de Deus atinge o vértice. Ao chegar à criação do homem, a palavra de Deus não é mais uma ordem, mas enuncia uma resolução: "Façamos o homem à nossa imagem, como nossa semelhança" (Gn 1,26). O escrito javista, por sua vez, refere-se quase exclusivamente à origem humana. A criação propriamente dita aparece somente como *terminus a quo*. Encontramo-nos numa perspectiva decididamente antropocêntrica, em que o liame entre *homem* e *terra* é vital. Mas há, na pessoa humana, algo absolutamente original e diferente que é o *sopro vital*, que a torna *ser vivente*.[2]

Contudo, essa peculiaridade do ser humano não o coloca "acima" das criaturas, mas no "centro" de uma teia de relações, com a responsabilidade de cultivar e guardar os bens agraciados pelo Criador. Essa "teia" é costurada por cinco fios relacionais:

- Relacionalidade criatural com Deus Criador: "Adonai chamou o homem: onde estás?" (Gn 3,9).
- Relacionalidade esponsal: "Por isso o homem deixa seu pai e sua mãe, une-se à sua mulher, e eles se tornam uma só carne" (Gn 2,24).
- Relacionalidade familiar: "Onde está teu irmão Abel?" (Gn 4,9).
- Relacionalidade de proximidade com os demais humanos (cf. Gn 5,10-11).

---

[2] WEIZENMANN, Mariano. Leitura ecológica e algumas leituras teo(eco)lógicas de Gn 1–11. *TQ – Teologia em Questão*, Taubaté, n. 5(2004), pp. 31-32.

- Relacionalidade com o mundo animal: "Adonai modelou então, do solo, todas as feras selvagens e todas as aves do céu e as conduziu ao homem para ver como ele as chamaria: cada qual deveria levar o nome que o homem lhe desse" (Gn 2,19).[3] Por sua natureza terrena (*adamá* = Adão) e capacidade criativa (*hawá* = Eva), o ser humano é, ao mesmo tempo, imagem de Deus e solidário com todas as demais criaturas. A exegese de *Bereshit* e o desenvolvimento hermenêutico da antropologia bíblica ajudaram a aprofundar o sentido desta narrativa, superando os riscos de uma interpretação unilateral do "domínio" humano sobre as criaturas:

   > O modo de receber o dom e exercer a missão requer da pessoa humana fidelidade a si mesma e a Deus, para cuidar da criação. Isso significa mantê-la na sua bondade original, desenvolver suas potencialidades e, em comunhão com o Senhor, efetuar a própria realização. Por isso mesmo o fiel ora: "Deus dos Pais, Senhor de misericórdia, que tudo criaste com tua palavra e com tua sabedoria formaste o homem para dominar as criaturas que fizeste, governar o mundo com justiça e santidade e exercer o julgamento com retidão de vida, dá-me a sabedoria contigo entronizada e não me excluas do número de teus filhos" (Sb 9,1-4).

   Ao *dom* divino como *proposta* corresponde a *tarefa* humana feita *resposta*. Ei-la, pois, explicitada em três dimensões:

   - *Para dominar as criaturas feitas por Deus* – aqui nos deparamos com uma clara referência a Gn 1,26-28. Criado à imagem de Deus, o homem pode sujeitar toda a terra e dominar sobre animais, peixes e aves. Mas seu domínio não se estende sobre seus semelhantes, porque somente Deus é Senhor do homem. Submeter o próprio semelhante equivaleria a um pecaminoso abuso de poder que não escaparia ao castigo divino.

   - *Para governar o mundo com justiça e santidade* – a genuína autoridade provém de Deus e, por essa razão, dos governantes exige-se uma conduta perfeita em ordem a Deus (santidade), tributando-lhe o culto devido e sintonizando-se com sua vontade (justiça).

---

[3] Cf. ibid.

• *Para exercer o julgamento com retidão de vida* – se Deus julga retamente, também o homem (porque criado à imagem de Deus e porque agindo com um poder derivado de Deus e exercido em seu nome) deve atuar um juízo reto, de acordo com as leis divinas.[4] Podemos dizer que a exploração insustentável da natureza pelo homem não se deve simplesmente ao Gênesis. Deve-se, sobretudo, ao crescente dualismo homem/natureza ao modo de sujeito/objeto, à racionalidade instrumental e ao consumismo que – aliados a uma interpretação funcional do texto bíblico – favoreceram a industrialização de alto impacto ambiental e o descuido com a renovação dos recursos naturais, colocando em risco a vida presente e futura das espécies.[5]

b) O shabat e o "ano da graça" (Lv 25)

Como acenamos antes, a Torá determina o *shabat* a cada sete dias, bem como o *shabat* a cada sete semanas de anos:

> Durante seis anos semearás o teu campo; durante seis anos podarás a tua vinha e recolherás os produtos dela. Mas no sétimo ano a terra terá seu repouso sabático, um sábado para o Senhor Deus: não semearás o teu campo e não podarás a tua vinha, não ceifarás as tuas espigas, que não serão reunidas em feixes, e não vindimarás as tuas uvas das vinhas, que não serão podadas. Será para terra um ano de repouso (Lv 25,3-5).

Enquanto a terra descansa, as pessoas e as tribos – com seus empregados, hóspedes e animais – se sustentam do fruto já colhido anteriormente ou daquilo que a terra oferece gratuitamente, sem ser tocada. Isto permite a regeneração das reservas naturais, não só pomares, vinhedos, trigais e oliveiras, mas o solo e, indiretamente, os aquíferos. Esta antiga legislação, estabelecida no âmbito da cultura agropecuária dos israelitas, demonstra o alto nível de consciência ambiental da comunidade, ciente do valor, do limite e da necessida-

---

[4] Ibid., pp. 36-37.
[5] Cf. BOFF, Leonardo. *Ecologia*: grito da terra, grito dos pobres. Rio de Janeiro: Sextante, 2004. pp. 92-115.

de de recursos renováveis. Hoje, podemos ler Levítico 25 como um projeto de sustentabilidade.

O repouso do Ano Sabático se amplia de modo ainda mais radical, na proposta do Ano Jubilar ou "ano da graça do Senhor" (Lv 25,8ss):

Contarás sete semanas de anos, sete vezes sete anos, isto é, o tempo de sete semanas de anos – quarenta e nove anos. No sétimo mês, no décimo dia do mês, fará ressoar o toque da trombeta; no dia das expiações (*yom kippur*) fareis soar a trombeta (*shofar*) em todo o país. Declarareis santo o quinquagésimo ano e proclamareis a libertação de todos os moradores da terra. Será para vós um jubileu: cada um de vós retornará a seu patrimônio, e cada um de vós voltará para seu clã. O quinquagésimo ano será para vós um ano jubilar: não semeareis, nem ceifareis as espigas que não forem reunidas em feixe; não vindimareis as cepas que tiverem brotado livremente. O jubileu será para vós coisa santa e comereis o produto dos campos (Lv 25,8-12).

Além do repouso da terra, o jubileu estabelecia também:

- A redistribuição dos terrenos segundo o número de famílias, garantindo sua subsistência. É uma modalidade de reforma agrária (cf. Lv 25,13-17).

- A segurança e o sustento, com base na produção do sexto ano (anterior ao Ano Jubilar). Trata-se do princípio da segurança alimentar (cf. Lv 25,18-22).

- O resgate das propriedades, com base no senhorio absoluto de Deus sobre a terra (Lv 25,23-34). Se Deus é o efetivo proprietário, o povo é hóspede e beneficiário. Assim, a Torá estabelece regras para que as pessoas recuperem a terra em vista do sustento, favorecendo o resgate das posses eventualmente negociadas por carência financeira ou perdidas como pagamento das dívidas. Quando necessário, o Ano Jubilar previa, inclusive, o perdão das dívidas (cf. Lv 25,24). Por isso foi chamado "o ano da graça" (Lc 4,19).

- O resgate das pessoas, mediante o perdão dos débitos financeiros e laborais, no caso de estrangeiros e servos (cf. Lv 25,35-55). A Torá determina procedimentos que respeitam a dignidade de israelitas e não israelitas, favorecem transações justas e previnem abusos de poder. É o embrião judaico dos Direitos Humanos.

c) "Os céus narram a glória de Deus" (Salmo 19)

A adoração ao Deus da Aliança, único soberano da criação, e o reconhecimento da generosidade da natureza, provedora de beleza e sustento, forjaram no Judaísmo uma visão doxológica do cosmos (cf. Sl 104[103] e 136[135],1-9). O universo não é fruto do acaso, nem se destina à mera utilidade dos humanos, mas constitui um louvor vivo à glória do Criador:

> Os céus narram a glória de Deus,
> e o firmamento proclama a obra de suas mãos.
> O dia entrega a mensagem ao outro dia,
> e a noite a faz conhecer a outra noite.
> Não há termos, não há palavras,
> nenhuma voz que deles se ouça;
> e por toda a terra a sua linha aparece
> e até aos confins do mundo a sua linguagem (Sl 19,2-5).

d) "A beleza das criaturas faz contemplar o seu Autor" (Sb 13,5)

O culto, de um lado, e a tradição profética, de outro, favoreceram ainda duas evoluções do pensamento judaico: a concepção sapiencial e a concepção estética do universo. Essas concepções se tocam e remetem mutuamente em belíssimas páginas das Escrituras judaicas e revelam uma poética hebraica influenciada, em parte, pela sensibilidade filosófica do helenismo.

Para o olhar sapiencial, o universo é complexo e sinfônico. Uno e extenso, está engenhosamente equilibrado entre o *continuum* e o *descontinuum*, causando admiração e instigando a reflexão humana. Com tais características, a criação só pode ser atribuída à divina Sabedoria (*Sophia* em grego; *Hokma* em hebraico). No *Livro dos Provérbios* ela mesma se declara:

> Adonai me criou, primícias de sua obra, de seus feitos mais antigos. Desde a eternidade fui estabelecida, desde o princípio, antes da origem da terra. Quando os abismos não existiam, eu fui gerada, quando não existiam os mananciais das águas. Antes que as montanhas fossem implantadas, antes das colinas, eu fui gerada; ele ainda não havia feito a terra e a erva, nem os primeiros elementos do mundo. Quando firmava os céus, lá estava eu, quando traçava a abóbada sobre a face do abismo; quando condensava as nuvens do alto, quando se enchiam as fontes do abismo; quando punha um limite ao mar; e as águas não ultrapassavam o seu mandamento, quando assentava os fundamentos da terra. Eu estava junto com ele como mestre de obras, eu era o seu encanto todos os dias, todo o tempo brincava em sua presença: brincava na superfície da terra, encontrava minhas delícias entre os homens (Pr 8,22-31).

O texto conclui com toques lúdicos e estéticos, remetendo ao segundo olhar, atento à beleza do cosmos. Por sua vez, Yeshua ben-Sirac diz:

> Por sua Palavra o Senhor fez suas obras, e seu decreto se realiza segundo sua vontade. O sol que brilha contempla todas as coisas e a obra do Senhor está cheia da sua glória. Os Santos do Senhor não são capazes de contar todas as suas maravilhas, o que o Senhor onipotente estabeleceu firmemente para que tudo subsista em sua glória. Ele sondou as profundezas do abismo e do coração humano, penetrou os seus segredos. Porque o Altíssimo possui toda a ciência e vê o sinal dos tempos. Todas as coisas formam pares, uma diante da outra e ele não fez nada incompleto. Uma coisa consolida a excelência da outra: quem poderá fartar-se de contemplar a sua glória? (Eclo 42,15-18.25-26).

Em seguida, o autor contempla a grandeza de Deus no sol, na lua, nas estrelas, no arco-íris e nas maravilhas da natureza, como a neve, as chuvas, o granizo e os ventos; os pássaros e gafanhotos; os peixes e monstros marítimos; a água, os montes, o fogo e os desertos (cf. Eclo 43). Trata-se de um elogio e reconhecimento da glória divina (*kavod* = glória ou esplendor) que se reflete nas criaturas. O autor conclui: "Foi o Senhor quem criou tudo e aos homens piedosos deu a sabedoria" (Eclo 43,33).

Esta sabedoria, amiga da piedade, qualifica o fiel à consideração da verdade sobre si, sobre Deus e sobre o mudo. Contrapondo o "pio" e o "ímpio", o Livro da Sabedoria de Salomão retoma o argumento estético e reprova o erro dos idólatras:

> Naturalmente vazios foram todos os homens que ignoraram a Deus e que, partindo dos bens visíveis, não foram capazes de conhecer Aquele que é; nem, considerando as obras, de reconhecer o seu Artífice. Mas foi o fogo, ou o vento, ou a água impetuosa, ou os luzeiros do céu – príncipes do mundo – que eles consideraram como deuses! Se, fascinados por sua beleza, os tornaram deuses, aprendam quanto lhes é superior o Senhor dessas coisas, pois foi a própria fonte da beleza que as criou. E se os assombrou sua força e atividade, calculem quanto mais poderoso é Aquele que as formou; pois a grandeza e a beleza das criaturas fazem, por analogia, contemplar o seu Autor (Sb 13,1-5).

Aos piedosos e justos, porém, o Deus Criador concede a sabedoria, para que adquiram a ciência da criação:

> Em suas mãos estamos nós, nossas palavras, toda a inteligência e a perícia do agir. Ele me deu um conhecimento infalível dos seres para entender as estrutura do mundo, a atividade dos elementos, o começo, o meio e o fim dos tempos, as alternâncias dos solstícios, as mudanças de estações, os ciclos do ano, a posição dos astros, a natureza dos animais, a fúria das feras, o poder dos espíritos, os pensamentos dos homens, a variedade das plantas, as virtudes das raízes. Tudo conheço, oculto ou manifesto. Pois a Sabedoria, artífice do mundo, me ensinou (Sb 7,16-22).

4.2 Conduta e ecologia no Talmud

De modo geral, as regras dietéticas, de pureza e de conduta, têm alcance ecológico, na medida em que orientam sobre a alimentação, a higiene, o contato com animais e o respeito pela natureza. O Talmud ensina que sempre se deve considerar o bem das criaturas, antes de tomar decisões. Nos casos incontornáveis, se for necessário adotar alguma medida que prejudique o meio ambiente, então que se escolha a menos danosa possível.[6]

---

[6] Talmud: Bava Kamma 91b.

Há também o princípio de *Bal Tashit*, que limita o aproveitamento de animais, com regras sobre seu uso doméstico ou produtivo e os cuidados com a limpeza. Alguns rabinos, ao comentar o capítulo talmúdico de *Shabat* 140b, entendem que se alguém consome em excesso ou de forma irracional, está indiretamente infligindo o princípio de *Bal Tashit*.

O capítulo de *Zeraim* trata da agricultura e veta o uso de certos vegetais, próprios do meio ambiente palestino. Fica proibido, por exemplo, o consumo de frutos de árvores que não tivessem alcançado ao quarto ano (*orlah*) e também algumas plantações conjuntas de diferentes espécies de sementes (*kilaim*).

Outras proibições se vinculam ao Ano Sabático (*Sheminah*), quando se deve deixar de lavrar a terra, disponibilizando seus frutos gratuitamente a qualquer pessoa ou animal daquele território. A intenção é garantir a regeneração da terra e a superação da fome, pois somente Deus é o proprietário de todos os bens celestes e terrenos. O Talmud desenvolve em detalhes as regras da Torá sobre consumo de peixes e animais. Ingerir porcos e répteis, por exemplo, é totalmente proibido.

Embora tais regras nem sempre tenham um motivo (pois não se baseiam nas modernas considerações sanitárias e nutricionais), servem para manter a sacralidade da vida, classificando o que deve ser preservado ou evitado. Com a diáspora do povo judeu pela Europa, Ásia, costa do Mediterrâneo, Américas e outras partes do mundo, os rabinos tiveram que investigar as normas do Talmud, pois as plantas, aves e animais citados (com suas respectivas classificações) nem sempre condiziam com a flora e a fauna da região à qual os israelitas migravam.

Isto teve, pelo menos, duas consequências: a) o desenvolvimento de estudos biológicos, botânicos e anatômicos das espécies, para que se pudesse aplicar a elas as antiquíssimas regras do Talmud; b) a consolidação de uma hermenêutica criativa, aberta, da Torá e do Talmud, que nos permite – hoje e no futuro – aplicar seus princípios básicos às recentes questões nutricionais, ecológicas, éticas e ambientais.[7]

---

[7] Cf. STEINSALTZ, Adin. *O Talmud essencial*. Rio de Janeiro: A. Koogan, 1989. pp. 255-285.

4.3 O universo segundo a Cabala

A partir da Torá e do Talmud, o Judaísmo desenvolveu sua própria corrente mística, conhecida como Cabala, do hebraico *kabalah*: transmissão ou tradição. Esta corrente representa a face esotérica do Judaísmo, com seus autores, fontes e ritos peculiares, sem, contudo, romper com a Religião da Aliança.[8] Pois a Cabala se legitima como hermenêutica interior da mesma Torá, embora suas interpretações sigam mais a bússola da inefabilidade do que da literalidade.

a) No princípio estava Ein-Sof

Segundo a Cabala, antes de manifestar-se como Aquele-que-é, o Eterno residia no seu absoluto ocultamento. Esse estado de plenitude oculta de Deus, antes que qualquer criatura existisse e fosse capaz de conhecê-lo, é chamado pelos rabinos cabalistas de *Ein-Sof* (Ilimitado) ou simplesmente *Ain* (Nada). Afinal, este Deus escondido em si mesmo é tão impenetrável aos nossos raciocínios, que tudo quanto dele tentamos dizer equivale a um "nada". Rabi Baruch Kosover, cabalista do século XVIII, advertiu:

> Ein-Sof não é o nome de Deus, mas o termo que significa seu completo ocultamento. Não é, pois, correto dizer "Ein-Sof, louvado seja" ou "possa Ele ser bendito" porque Ele não pode ser bendito por nossos lábios.[9]

Por livre e misteriosa vontade, *Ein-Sof* se manifestou, originou o espaço e o tempo e, assim, possibilitou que as criaturas existissem. As duas obras mestras da Cabala, o *Sefer Ietsirah* (Livro da Criação, 300 d.C.) e o *Sefer ha-Zohar* (Livro do Esplendor, compilado cerca de 1200 d.C.) ensinam que *Ein-Sof* passa de *Deus absconditus* a *Deus revelatus* por emanação ou desdobramento para fora de si mesmo. Ao sair de seu ocultamento, mostrou-se. Ao expandir-se além da infinitude, possibilitou o finito.

---

[8] Cf. MAÇANEIRO, Marcial. *Esoterismo e fé cristã*. Petrópolis: Vozes, 1997. pp. 49-63.
[9] Baruch Kosover em Amud ha-Avodah. Apud SCHOLEM, Gershom. *Cabala*. Rio de Janeiro: A. Koogan, 1989. p. 82.

b) O exílio da Shekiná

Este movimento de expansão de si não causou perda ontológica a *Ein-Sof*, mas acarretou o exílio de sua Presença Santíssima (*Shekiná*) no espaço-tempo que ele mesmo criou ao emanar-se. Desse modo, *Ein-Sof* (Deus para Si) e a *Shekiná* (Deus para nós) formam a Divindade única (*Ehad*), como Esposo (princípio masculino) e Esposa (princípio feminino). Segundo a Cabala, é a própria *Shekiná* que exclama nos Cantares de Salomão: "Eu sou para o meu amado; o seu desejo o atrai para mim" (Ct 7,11).

c) As dez sefirot

Como se operou esse desdobramento ou emanação? A Cabala ensina que foi através dos dez atributos essenciais de Deus, caracterizados como *sefirot*[10] – "esferas" ou "regiões":

1. Coroa – *Keter*.
2. Sabedoria – *Hokma*.
3. Inteligência – *Binah*.
4. Misericórdia – *Hesed*.
5. Julgamento – *Din*.
6. Beleza – *Tíferet*.
7. Eternidade – *Netsah*.
8. Majestade – *Hod*.
9. Fundamento – *Yessod*.
10. Reino – *Malkut*.

O universo se estrutura à medida que *Ein-Sof* desce, emana ou expande-se pelas dez *sefirot*, como que por degraus, de Keter (a coroa da glória) até Malkut (o reino da materialidade e da ação):[11]

---

[10] *Sefirot* é a forma plural de *sefirá* = esfera, região ou patamar, em hebraico.

[11] Algumas obras da Cabala reproduzem o esquema visual das *sefirot* presente no Zohar. Entre elas, *Shaaré orah* (Pórticos de luz), de Josef Gikatilla, Mantova, 1561; e *Pardes rimonim* (O pomar das romãs), de Moshe Cordovero, Cracóvia e Novygdvar, 1591.

Antes que qualquer forma tivesse sido criada, Deus estava só; sem forma e semelhante a nada. E porque o homem não é capaz de conceber Deus como Ele realmente é, não lhe é permitido representá-Lo, nem em pintura, nem por Seu Nome, nem inclusive por um ponto. Mas depois de ter criado o homem, Deus quis ser conhecido por Seus atributos: como o Deus da Misericórdia, o Deus da Justiça, o Deus Todo-Poderoso, o Deus dos Exércitos e Aquele-que-é. É só pelo conhecimento de Seus atributos que podemos dizer "toda a terra está cheia da Sua glória". Tampouco Ele deve ser comparado ao homem, que vem do pó e está destinado à morte. Ele está acima de todas as criaturas e é maior que todos os atributos. Nem atributo, nem imagem, nem corpo: assemelha-se mais às águas, sem forma e sem limites. Entretanto, quando as águas estão espalhadas na terra, somos capazes de concebê-las e falar delas sob variadas formas: primeiro, há a fonte; daí, o rio que brota dela e espalha suas águas sobre a terra. Depois, a bacia, dentro da qual fluem as águas, e que forma o mar. Então, o mar, de onde as águas correm em sete canais, fazendo dez formas no total. Mas, caso essas formas se rompam, as águas escapariam e retornariam à sua fonte original, enquanto as formas em que estavam contidas cairiam em ruínas.

Dessa maneira foram criadas as dez *sefirot*. A primeira *sefirá*, a Coroa, é a fonte de onde brilha uma luz sem fim, e que chamamos O Infinito ou *Ein-Sof*, já que temos meios à nossa disposição para compreendê-lo. Então vem um vaso tão concentrado quanto um ponto, como a letra Yod; esta é a Fonte da Sabedoria (*Hokma*). Depois vem um vaso tão imenso quanto o mar; este é a Inteligência (*Binah*), e nos dá o epíteto "Deus Inteligente". Mas, entre a Sabedoria e a Inteligência, Deus derramou Sua própria Substância, de modo que deste mar saem os sete canais ou atributos: Misericórdia (*Hesed*), Justiça (*Din*), Beleza (*Tíferet*), Triunfo (*Netsah*), Glória (*Hod*), Realeza (*Malkut*) e a Fundação (*Yessod*). Assim, podemos designar Deus como: o Grande, o Misericordioso, o Forte, o Magnificante, o Deus da Vitória e Aquele-que-é o Fundamento de todas as coisas.[12]

Cada uma das *sefirot* são como "esferas" ou "vasos" nos quais subsiste a totalidade de *Ein-Sof*, agora manifesto por atributos intercomunicantes. Sendo assim, todo o universo – estruturado por

---

[12] Zohar: Revelação do mistério da existência de Deus (Parte 1 – Idra Rabba).

esta emanação – contém centelhas de *Ein-Sof* e permanece potencialmente uno, tal qual Deus é Uno (*Ehad*).[13]

d) Os quatro mundos

De cima para baixo, seja na representação da árvore invertida, seja no esboço do corpo divino-humano, as *sefirot* se expandem em quatro patamares ou círculos concêntricos. À medida que emanam, os atributos divinos criam o universo:

- mundo da emanação (*Azilut*): com Keter, Hokma e Binah;
- mundo da criação (*Beriah*): com Hesed, Din e Tíferet;
- mundo da formação (*Ietsirah*): com Netsah, Hod e Yesod;
- mundo da ação (*Assiah*): com Yesod, Malkut (e a *Shekiná*).[14]

Segundo o *Sefer ha-Zohar* (Livro do Esplendor), a expansão de Deus coincide com a emanação-criação-formação-ação do universo. O *Ein-Sof* é a face "ad intra" da Divindade (oculta e impenetrável pelo intelecto humano), enquanto o mundo é a face "ad extra" da mesma Divindade (emanada e conhecida pelos dez atributos).[15]

e) A árvore e o corpo

A emanação divina configura o universo como um organismo vivo, formado pela distribuição ordenada das *Sefirot*, repartidas em tríades e conexas entre si. A Cabala elaborou duas imagens para representar isto: a árvore e o corpo.[16]

---

[13] Para a Cabala, esta doutrina se esconde nas letras da Torá, só legível aos olhos de uma exegese mística, como aquela desenvolvida no Sefer Ietsirah e no Sefer ha-Zohar.

[14] Os mestres da Cabala veem uma alusão a esses estágios na frase de Isaías 43,6-7: "Reconduze os meus filhos de longe e as minhas filhas dos confins da Terra; todos os que são chamados pelo meu Nome (*azilut*), os que criei para a minha glória (*beriah*), os que formei (*ietsirah*), os que fiz (assiah)".

[15] Tendências panteístas do Zohar, como observa Gershon Scholem, em *As grandes correntes da mística judaica*. São Paulo: Perspectiva, 1995. pp. 247-251.

[16] Cf. SCHOLEM, cit., pp. 240-242. No Zohar: Revelações sobre o homem (Parte 1 – Idra Rabba).

- A árvore sefirótica – distribuição dos dez atributos como árvore invertida, de cima para baixo: as raízes em *Ein-Sof*, o começo do tronco em *Keter* e os últimos ramos em *Malkut*. Este desenho de árvore invertida tem um sentido místico: é a figura cabalista do mundo criado, com suas raízes em *Ein-Sof* e sua ramagem em *Malkut*. Os ramos são conexos, descendo de três em três atributos. Formam um caminho de cima para baixo, por onde desce (e sobe) a *Shekiná* – a Presença do Altíssimo em exílio.[17]
- O corpo sefirótico – outra distribuição das dez *sefirot*, mas à maneira de um corpo. Representa a crença cabalista de que as "esferas" ou "atributos" formam o corpo de *Adam Kadmon* – o Homem Primordial –, que é a primeira expressão pela qual *Ein--Sof* pode ser percebido. Desse modo, a Cabala faz coincidir o movimento criador das dez *sefirot* com o Homem Primordial que se mostra, então, como uma espécie de demiurgo. Enquanto *Ein-Sof* permanece inefável (nem mesmo se lhe atribui ser "criador" em sentido operativo), é *Adam Kadmon*, com seu corpo sefirótico, quem efetivamente cria todas as coisas.

Disto a Cabala conclui três afirmações:

1) O corpo sefirótico de *Adam Kadmon* é o protótipo do corpo adâmico, pois o ser humano foi criado à imagem e semelhança de *Adam Kadmon*, já que absolutamente nada pode assumir a similitude de *Ein-Sof*.

2) Se o ser humano é imagem e semelhança de *Adam Kadmon*,[18] e este é constituído pelas *sefirot*, então o corpo humano é também imagem e semelhança das dez *sefirot*. As *sefirot* formam nossa estrutura ontológica; estão presentes em nossos membros e potências interiores (intelecto, memória e vontade).

---

[17] Uma figura medieval da árvore sefirótica está reproduzida em: SEROUYA, Henri. *La Cabala*. Roma: Mediteranee, 1989. p. 38.

[18] Similitude ontológica e não biológica, como advertiu o Zohar na citação anterior. A partir daí a Cabala desenvolve uma ontologia, psicologia e antropologia sefiróticas, interpretando o ser humano a partir de analogias estruturais com as dez *sefirot*.

3) Já que as *sefirot* constituem toda a realidade existente, dos mundos astrais à matéria, então o corpo humano por elas formado é uma síntese de todos os elementos do cosmos.[19]

f) Cabala e ecologia

A Cabala – como, na sua proporção, o Judaísmo e demais religiões – não se propõe como sistema cognitivo ou tecnológico nos moldes da atual classificação das Ciências da Natureza. Nem por isso, contudo, poderia reclamar neutralidade ou isenção perante as questões que envolvem a vida no Planeta. Enquanto *corpus* religioso de molde místico e moral, a Cabala tem levado centenas de pessoas e comunidades, judaicas ou não, a assumir sua condição humana na Terra. Suas escolas e obras-mestras reuniram uma peculiar "sinopse" do conhecimento judaico-helenista e ibérico-semita, integrando tradição abraâmica e contemplação teosófica.[20]

Com este material denso e eclético – ora ébrio de poesia, ora sóbrio de intelecção –, a Cabala fornece aos seus seguidores uma teologia da criação, uma hermenêutica da humanidade e do mundo e um código de comportamento que leva em conta o corpo, a sexualidade e a alimentação; as relações afetivas e sociais; a prece, o trabalho e o repouso; a administração do tempo; a relação com a terra, a água, os vegetais e animais[21] – já que todas as criaturas formam uma unidade místico-ontológica com sua fonte ilimitada, *Ein-Sof*. No pragmatismo cotidiano e na erudição das lições, a Cabala desenha o mundo com traços originais e oferece à ecologia quatro linhas paradigmáticas:

- *A coesão dinâmica e ontológica do Uno* – Deus, o mundo e a humanidade, para a Cabala, formam uma síntese dinâmica. Toda a existência é assinalada por *Ehad* (a unidade divina professa-

---

[19] Uma figura medieval do Adam Kadmon vê-se na obra citada de Henri Serouya, p. 219.
[20] Leia o "prólogo" de José de Unamuno à edição brasileira de textos seletos do Zohar. Cf. BENSION, Ariel (Ed.). *O Zohar*: o livro do esplendor. São Paulo: Polar, 2006. pp. 33-36.
[21] Cf. HALEVI, Z'ev ben Shimon. *O trabalho do kabbalista*. São Paulo: Siciliano, 1994.

da pelo Judaísmo). Quando *Ein-Sof* se derramou nos "vasos" de cada *sefirot*, configurando os corpos (astrais, racionais e irracionais), ele comunicou a cada ser alguma centelha de Si próprio. Estas centelhas buscam a união entre si e com sua Luz Primordial. Por isso, o universo se mantém coeso, não se desintegra, apesar de seu movimento. E cada coisa ocupa o lugar que Deus determinou, na ordem celeste e terrestre. Portanto, provocar divisão e desequilíbrio (espiritual, moral ou ambiental), por violência, omissão ou irresponsabilidade, é ir contra Deus, contra a humanidade, contra a vida.

- *A sacralidade de todas as coisas* – os corpos todos do universo possuem "centelhas" divinas, apontando para uma origem comum. No esquema da árvore sefirótica essas "centelhas" são consideradas interiores, como a "seiva" que corre desde a raiz (*Ein-Sof*) até as últimas ramagens (*Malkut*). Em toda criatura mana a "seiva" da Divindade. Portanto, as criaturas são sagradas; e a vida deve ser preservada e sustentada nos reinos mineral, animal e vegetal.

- *O equilíbrio das esferas* – a unidade e o movimento do mundo se mantêm pelo equilíbrio das *sefirot*: razão (*Binah*) e inspiração (*Hokma*), rigor (*Ghevurá*) e compaixão (*Hesed*), cálculo (*Hod*) e instinto (*Netsah*), interioridade (*Yessod*) e corporeidade (*Malkut*), relação com o Outro-Divino (*Keter*) e relação consigo/ self (*Tíferet*). Assim as esferas executam a sinfonia do universo. De seu lado, o cabalista cultiva a ética, o discernimento e a relação com Deus, para viver como *tsadik* (justo). A cada sete dias – por ocasião do *Shabat* – ele acende as velas, invoca a *Shekiná* e toma consciência do movimento das esferas no cosmos e no seu corpo. Assim, o fiel coopera – por decisão consciente e participação ontológica – no equilíbrio das esferas, ou seja, no equilíbrio da criação. A Cabala crê que, a cada sete dias, as *sefirot* cumprem uma determinada órbita ou ciclo, executando mais uma pauta da sinfonia cósmica. Portanto, a imoralidade, a impiedade e o abuso da natureza podem acarretar desequilíbrios pessoais, sociais e cósmicos.

- A *santidade e integridade dos corpos* – o equilíbrio das "esferas" no cosmos e no corpo nos pede o cuidado do ser, a dosagem correta entre labor e descanso, entre atenção a si e aos demais; pede também higiene e qualidade na alimentação; leva ao cultivo do orgânico, do artesanal; valoriza o que é simples; previne contra abusos, excessos e toda sorte de agressão à natureza. Pois os corpos foram constituídos santos e íntegros, física e moralmente, desde sua criação à imagem do corpo sefirótico. Toda a humanidade partilha a natureza adâmica, conforme o Adão Primordial (*Adam Kadmon*), amigo de Deus e amigo das criaturas.

Referências bibliográficas

BENSION, Ariel (Ed.). *O Zohar*: o livro do esplendor. São Paulo: Polar, 2006.

BOFF, Leonardo. *Ecologia*: grito da terra, grito dos pobres. Rio de Janeiro: Sextante, 2004.

CROATTO, José S. *As linguagens da experiência religiosa*. São Paulo: Paulinas, 2001.

HALEVI, Z'ev ben Shimon. *O trabalho do kabbalista*. São Paulo: Siciliano, 1994.

MAÇANEIRO, Marcial. *Esoterismo e fé cristã*. Petrópolis: Vozes, 1997.

SCHOLEM, Gershom. *As grandes correntes da mística judaica*. São Paulo: Perspectiva, 1995.

_____. *Cabala*. Rio de Janeiro: A. Koogan, 1989.

SEROUYA, Henri. *La Cabala*. Roma: Mediteranee, 1989.

SHARMA, Arvind. *Our religions*. New York: Harper Collins Publishers, 1993.

STEINSALTZ, Adin. *O Talmud essencial*. Rio de Janeiro: A. Koogan, 1989.

WEIZENMANN, Mariano. Leitura ecológica e algumas leituras teo(eco)lógicas de Gn 1-11. *TQ – Teologia em Questão*, Taubaté, n. 5(2004).

5
Cristianismo

"E Deus viu que tudo era bom": esta exclamação se repete em cada dia da criação, no relato do Gênesis. Assim a Bíblia nos recorda a bondade das obras de Deus, para quem as criaturas, na sua diversidade, entoam um canto de louvor. Nesta perspectiva, o *relato das origens* de Gênesis 1-2 não é um fóssil do passado, mas sentido do presente e projeto para o futuro: ser "jardim" (*pardes* ou *paradisum*) é o destino que o Criador deseja para a Terra. Já dizia Carlos Mesters: "O paraíso é como que a maquete do mundo. É a planta de construção a ser realizada pelo empreiteiro que é o ser humano, homem e mulher. É um projeto que desafia constantemente a fé e a coragem do ser humano".[1]

Situado no tempo e no espaço, o ser humano vive a condição adâmica de filho da Terra (*pois é barro...*) e filho do Céu (*... modelado pelo divino Oleiro*). A Bíblia descreve-o como sujeito finito, mas aberto ao Infinito; e hermeneuta do mistério divino que se deixa perceber na luz dos astros, na pujança das tempestades, no enigma do fogo, na potência das marés, no ciclo da lua, no devir das estações e, particularmente, na relação com o próximo – seu semelhante humano, criado "à imagem de Deus" (Gn 1,27).

5.1 Teologia cristã da criação

a) Releitura da herança judaica

Herdeira das Escrituras judaicas, a comunidade cristã lê o universo como primeira "inscrição" da Palavra divina. Esta Palavra é

---

[1] MESTERS, Carlos. *Paraíso terrestre*. 16. ed. Petrópolis: Vozes, 1999. p. 45.

compreendida como o Verbo criador de Deus – identificado historicamente com a pessoa de Jesus de Nazaré: nele o "Verbo se fez carne e armou entre nós sua tenda" (Jo 1,14). A partir do Messias Jesus, a cosmovisão judaica é assimilada e reeditada pelo Cristianismo, com toques de novidade: em Jesus se cumprem (para todas as nações) as antigas promessas feitas a Israel; ele é "novo Adão" e primogênito de uma "criação nova". Retomando a visão judaica com amplitude universal, o apóstolo Paulo admite a revelação do Criador através das criaturas (cf. Rm 1,19-20), como já tinha dito o *Livro da Sabedoria* (cf. Sb 13,5). Dando um passo adiante, a tradição patrística reconhece a sacramentalidade do universo, em cujo tempo e espaço se desenrola a *História da Salvação* decretada pelo Pai, consumada pelo Filho e presidida pelo Espírito Santo.

A fé cristã vincula salvação e cosmos num só mistério, unindo Terra e Céu. Por isso, é nas coordenadas da natureza que se ambienta a revelação do Deus Criador, desde o primitivo Adão (primeira criação) até o novo Adão, Jesus Cristo (nova criação). As águas primordiais esperam o despertar da vida; montes e desertos acolhem a Presença divina; as fases da Lua assinalam o tempo sagrado; o corpo humano se dignifica como templo do Espírito Santo. É também da natureza que a Igreja Cristã colhe os dons excelentes do trigo e do pão, da videira e do vinho, da oliveira e do óleo, das águas e do fogo, do cintilar das estrelas e da luz do luar, em ritos de oblação, ação de graças e comunhão com Deus.[2]

b) A criação como dom e tarefa

Em síntese, a teologia cristã da criação é uma narrativa trinitária: o Deus Trino (Pai, Filho e Espírito Santo) é compreendido como Criador, numa perspectiva ternária contínua e dinâmica. O Pai tudo cria através de sua Palavra (*dabar* = o Verbo) e seu Sopro (*ruah* = o Espírito Santo):

---

[2] Esses elementos aparecem na liturgia cristã do Oriente e do Ocidente: nos sacramentos, nos lucernários, nas celebrações pascais, nos hinos mais solenes e no ritmo lunar do calendário litúrgico.

No princípio, Deus criou o céu e a terra.
Ora, a terra estava vazia e vaga,
e as trevas cobriam o abismo;
e um sopro de Deus agitava a superfície das águas (Gn 1,1-2).

Pois a palavra de Adonai é reta
e sua obra toda é verdade.
O céu foi feito com a palavra de Adonai
e seu exército com o sopro de sua boca.
Pois ele diz e a coisa acontece;
ele ordena e ela se afirma (Sl 33[32],4.6.9).

Envias o teu sopro e os seres são criados,
e assim renovas a face da Terra (Sl 104[103],30).

O espírito do Senhor enche o universo:
ele mantém coesas todas as coisas
e não ignora um murmúrio sequer (Sb 1,7).

Palavra (*lógos*) e Sopro (*pneuma*) atuam como potência criadora e renovadora de Deus no cosmos, tendo no Pai seu princípio coeterno (*arché*). Desse modo, a vida gerada e regenerada – na sua extensão sideral, planetária e humana – é compreendida como dom da Trindade.

Esse dom é simbolizado, na Bíblia, pelo Jardim do Éden que o Criador confia ao ser humano "para o cultivar e guardar" (Gn 2,15). Estabelece-se, assim, um pacto, uma aliança, um vínculo de corresponsabilidade entre Criador e criatura humana, em benefício da vida na Terra. Mais do que fato concluído ou dado fixo no passado, a gênese da vida perdura como criação contínua, num ritmo participado pelo ser humano: sujeito dotado de conhecimento e vontade, sendo parceiro de Deus na tarefa de salvaguardar a natureza. Toda ação ou omissão humana implicará fidelidade ou infidelidade a esta aliança, já que o Criador confiou à humanidade o cuidado das criaturas. Daqui o cuidado ecológico firmará sua importância crescente na teologia e na ética cristãs, sobretudo nas últimas décadas, marcadas pela crise de energia e escassez dos recursos naturais.

A missão de "cultivar e guardar o jardim" (Gn 2,15) abraça todo o mundo criado, corrigindo as interpretações redutoras da ordem "enchei a terra e submetei-a" (Gn 1,28). Além disso, o sentido original de "dominar" – como está em Gn 1,26 – se refere à alimentação e não à exploração imponderada dos recursos da natureza. Teólogos e exegetas cristãos advertem:

> Sempre acontecem mal-entendidos quando passagens bíblicas são tiradas de seu contexto histórico-tradicional e usadas para a legitimação de outros interesses. Por isso, temos que atentar também para o relato javista da criação: Gn 2,15 fala do "jardim do Éden" que os homens devem "cultivar e guardar". O domínio da pessoa humana sobre a terra deveria, pois, corresponder à atividade de um jardineiro que cultiva e preserva. De modo algum se fala de cultura exaustiva e de exploração.[3]

c) O Cristo cósmico

A humanidade não habita a Terra sozinha, mas *com* e *em meio* à teia da vida. Pois a Terra é *oikos* (morada) e *oikoumene* (casa comum) de todas as etnias e da diversidade dos reinos mineral, vegetal e animal. Convivendo na Terra, as criaturas se ligam entre si, referidas radicalmente à sua fonte trinitária: o amor de Deus Pai circunda de misericórdia esta casa comum (*ágape*); o Espírito Santo a habita com sua potência vivificante (*dynamis*); e a páscoa do Filho Jesus a regenera e recapitula numa grande comunhão (*koinonia*):

> Ele (Cristo) é a Imagem do Deus invisível, o primogênito de toda criatura, porque nele foram criadas todas as coisas, nos céus e na terra, as visíveis e as invisíveis:
> tronos, soberanias, principados, autoridades.
> Tudo foi criado por ele e para ele.
> É antes de tudo e tudo nele subsiste.
> Ele é a Cabeça da Igreja, que é o seu Corpo.
> É o princípio, o primogênito dos mortos, tendo em tudo a primazia, pois nele aprouve a Deus fazer habitar toda a plenitude
> e reconciliar por ele e para ele todos os seres,
> os da terra e os dos céus,
> realizando a paz pelo sangue de sua cruz (Cl 1,15-20).

---

[3] MOLTMANN, Jürgen. *Doutrina ecológica da criação*. Petrópolis: Vozes, 1993. p. 55.

Daqui se explicitou a noção de *Cristo cósmico* na teologia cristã.[4] Assim como, no tempo de sua vida terrena, Jesus assumiu em seu corpo toda a humanidade; na sua condição pascal, o mesmo Jesus recapitula em seu corpo escatológico toda a criação: "Tudo foi feito por meio dele e sem ele nada foi feito" (Jo 1,3); "tudo nele subsiste" (Cl 1,17).

d) Novos céus e nova terra

Conforme o Novo Testamento, o estágio último de todas as coisas será sua transfiguração numa realidade definitiva e misteriosa, caracterizada como "novos céus e nova terra":

> O Dia do Senhor chegará como ladrão: os céus se desmancharão com estrondo; os elementos, devorados pelas chamas, se dissolverão; e a terra, juntamente com suas obras, será consumida. Se todo este mundo está fadado a ser desfazer, qual não deve ser a santidade do vosso viver e da vossa piedade, enquanto esperais e apressais a vinda do Dia de Deus, no qual os céus, ardendo em chamas, se dissolverão, e os elementos, consumidos pelo fogo, se fundirão? O que nós esperamos, conforme Sua promessa, são novos céus e nova terra, onde habitará a justiça (2Pd 3,10-13).

> Eis a tenda de Deus com os humanos. Ele habitará com eles. Eles serão o seu povo; e ele – o Deus-com-eles – será o seu Deus. Ele enxugará toda lágrima dos seus olhos, pois nunca mais haverá morte, nem luto, nem clamor, e nem dor haverá mais. Sim! As coisas antigas se foram. [...] Eis que faço novas todas as coisas! (Ap 21,3-5).

O apóstolo Paulo descreve esta transfiguração cósmica como "um parto" ou "novo nascimento" pelo qual a criação é regenerada, numa forma definitiva em que tomam parte todos os corpos, sejam humanos, sejam siderais:

> Pois sabemos que a criação inteira geme e sofre as dores de parto até o presente. E não somente ela. Mas também nós, que temos as primícias

---

[4] Cf. MALDAMÉ, Jean-Michel. *Cristo para o universo*. São Paulo: Paulinas, 2005. Também: HAUGHT, John. *Cristianismo e ciência*. São Paulo: Paulinas, 2009.

do Espírito, gememos interiormente, suspirando pela redenção do nosso corpo (Rm 8,22).

Com termos estranhos à racionalidade científica, estamos diante de uma narrativa sagrada, própria da racionalidade simbólica: as imagens compõem um mosaico dinâmico, envolvendo humanidade e natureza, terra e céu, como peças de uma realidade nova que – apesar de misteriosa – se desenha como comunhão de todas as criaturas no Deus Criador. A figura que nos vem à mente é a de uma sinfonia cósmica, plural em seus elementos e coesa em seu vínculo com o Criador, numa explosão de vida e plenitude.

5.2 A religação universal

O paradigma ecológico, já familiar à exegese bíblica, motivou também o estudo de alguns autores (clássicos ou modernos) diretamente ligados aos temas da criação e das Ciências da Natureza. Dentre esses, destacamos Francisco de Assis, Hildegarda de Bingen e Teilhard de Chardin. Eles demonstram uma aguda consciência de sua inserção no mundo, entrelaçados na grande teia que religa todas as coisas entre si, e estas com a Trindade Divina. Vejamos sua contribuição:

a) Francisco de Assis (1182-1226)

Em 1224 Francisco de Assis compõe o *Cantico di frate sole*, também conhecido como *Cântico das criaturas*:

> Altíssimo, onipotente e bom Senhor,
> teus são o louvor, a glória, a honra e toda a bênção:
> Só a ti, Altíssimo, são devidos
> e nenhum homem é digno sequer de te mencionar.

> Louvado sejas, meu Senhor, com todas as tuas criaturas,
> especialmente o senhor irmão Sol,
> que clareia o dia e com sua luz nos alumia.
> E ele é belo e radiante, com grande esplendor:
> De ti, Altíssimo, é a imagem.

Louvado sejas, meu Senhor, pela irmã Lua e as Estrelas,
que no céu formaste claras, preciosas e belas.

Louvado sejas, meu Senhor, pelo irmão Vento,
pelo ar, ou nublado ou sereno, e todo o tempo,
pelo qual às tuas criaturas dás sustento.

Louvado sejas, meu Senhor, pela irmã Água,
que é muito útil e humilde e preciosa e casta.

Louvado sejas, meu Senhor, pelo irmão Fogo,
pelo qual iluminas a noite:
Ele é belo e jocundo e robusto e forte.

Louvado sejas, meu Senhor, por nossa irmã, a mãe Terra,
que nos sustenta e governa,
e produz frutos diversos com coloridas flores e ervas.

Louvado sejas, meu Senhor, pelos que perdoam por teu amor
e suportam enfermidades e tribulações.
Bem-aventurados os que as sustentam em paz,
que por ti, Altíssimo, serão coroados.

Louvado sejas, meu Senhor, por nossa irmã a Morte corporal,
da qual homem algum pode escapar:
ai dos que morrerem em pecado mortal;
felizes os que ela achar conformes à tua santíssima vontade,
porque a morte segunda não lhes fará mal.

Louvai e bendizei ao meu Senhor e dai-lhe graças
e servi-o com grande humildade.

Dotado de valor poético e histórico, este hino, porém, ultrapassa o âmbito da literatura e se apresenta como "pedra de toque" entre Cristianismo e ecologia, com suas expressões delicadas de comunhão e apreço pelas criaturas. Em parte, Francisco segue as coordenadas da doutrina judaico-cristã da criação, adorando sumamente a Deus sem a necessidade de usar noções teológicas eruditas. O *poverello* de Assis admite a pequenez de sua condição humana e honra o Criador como "altíssimo, onipotente e bom Senhor". Porém, seu carisma e itinerário pessoais fizeram deste hino um referencial de visão ecológica com lições aplicáveis até os nossos dias. O teólogo Leonardo Boff assinala:

No hino se cruzam as duas linhas, horizontal e vertical. Juntas formam um conhecido símbolo da totalidade cósmica. O movimento inicial se dirige verticalmente para Deus: "Altíssimo, onipotente e bom Senhor". É a busca de transcendência, o sonho para cima. Mas Francisco logo se dá conta de que não consegue cantar Deus, porque "nenhum homem é digno de sequer te mencionar". Não se amargura nem se recolhe a uma atitude apofática. Volta-se então à dimensão horizontal onde estão todas as criaturas, pois elas falam de Deus: "Louvado sejas, meu Senhor, *com* todas as tuas criaturas". Abre-se então à fraternidade horizontal e universal. Canta as criaturas "porque de ti, Altíssimo, são um sinal". Se não podemos falar de Deus, podemos falar das criaturas, marcadas pela presença de Deus e descobrindo a sacramentalidade de todos os seres.[5]

Além disso, a relação masculino/feminino atravessa o cântico de Francisco, como um arquétipo de totalidade que busca unir, em pares, o ser humano e as demais criaturas:

> Todos os elementos estão ordenados em pares, onde se combina o feminino com o masculino: sol-lua, vento-água, fogo-terra. Todos esses casais são englobados pelo grande casal, Sol-Terra, de cujo matrimônio cósmico derivam todos os demais pares. Inicia cantando o Sol, a quem chama, por força de arquétipo, de Senhor [*messor*]. Mas como é também criado por Deus não deixa de ser irmão [*frate*]. O mesmo dirá da Terra. Arquetipicamente Mãe [*matre*]. Teologicamente é irmã [*sora*]. Então dirá: "o Senhor, irmão Sol, e a irmã Mãe Terra".[6]

b) *Hildegarda de Bingen (1097-1198)*

Na Alemanha do século XII, a abadessa Hildegarda de Bingen trata da harmonia celeste, dos elementos naturais e da condição humana no seu *Liber divinorum operum* (Livro das obras divinas).[7]

---

[5] BOFF, Leonardo. *Ecologia*: grito da terra, grito dos pobres. Rio de Janeiro: Sextante, 2004. p. 290.

[6] Ibid. Os termos originais usados por Francisco – *messor* (senhor), *frate* (irmão), *sora* (irmã) e *matre* (mãe) – são acréscimos didáticos nossos, conforme grafia dos códices medievais. Cf. OLGIATI, Feliciano (Trad.). *Gli scritti di Francesco e Chiara d'Assisi*. Padova: Edizioni Messaggero, 1996. pp. 163-164.

[7] O *Liber divinorum operum* (Livro das obras divinas) é uma das principais obras de Hil-

Esta obra tem estilo profético e se desenrola numa série de "visões". Hildegarda recorre a imagens, sons e personagens, descrevendo suas intuições na forma de cenas quase teatrais. Para facilitar a compreensão dessas cenas, o texto latino vem acompanhado de ilustrações detalhadas. Das muitas "visões" de alcance ecológico, destacamos a 2ª Visão da Parte I do *Liber divinorum operum*:

- Hildegarda vê um ser divino, feito de energia ígnea (predomínio do elemento fogo). Ele é vermelho e flamejante. Traz em si o universo, como dentro de um útero. O universo é representado como roda a girar. O ser divino abraça este cosmos inteiro, envolvendo-o em sua energia ígnea. No centro da roda cósmica Hildegarda vê uma figura humana de grandes medidas. A cabeça toca as nuvens e os pés, os abismos; os braços se estendem à direita e à esquerda, alcançando as extremidades da terra. Ao redor da figura humana estão vários círculos, também a girar: o círculo do ar seco, do ar úmido, das águas e do éter. Mais acima estão as esferas celestes, com planetas e estrelas. Há também quatro ventos que animam a esfera cósmica e tocam o homem. Cada vento é soprado por um animal: leão, caranguejo, lobo e cervo.

- A harmonia do conjunto se constrói em torno do homem: tudo se volta à figura humana no centro da esfera, que toca o Norte, o Sul, o Leste e o Oeste. Fraco na sua constituição – pois é carne –, o ser humano é grandioso pelo seu espírito e alma. Inteligente, é animado pelo Espírito de Deus. Dominando o centro da esfera e tocando as extremidades do mundo, o homem sofre a influência dos elementos: ar úmido e ar seco o circundam, as estrelas lhe enviam luz, as águas celestes o envolvem e os ventos o atravessam. Nele todos os elementos se encontram e interagem. E mesmo assim, a figura humana é única: por sua inteligência, tudo

---

degarda de Bingen, ao lado do *Scivias* (contração do latim *Scito vias domini*: Conhece os caminhos do Senhor). A composição dessas obras atravessou décadas: 1141-1151 para o *Scivias*; 1163-1174 para o *Liber divinorum operum*. O livro *Physica* (também intitulado "Livro da medicina simples") se interpõe a esses dois, entre 1151-1158. Indicamos as seguintes traduções: BINGEN, Hildegarda de. *Il libro delle opere divine*. Milano: Arnoldo Mondadori Editore, 2003; *Scivias*. Madrid: Editorial Trotta, 1999.

domina; por sua alma, tem uma dignidade maior que todas as demais criaturas.

- Embora afligido pelos elementos, ele é maior que os elementos. E embora pobre em sua carne, a luz divina que nele habita brilha mais que os astros. Por ocupar o centro e receber o influxo de tudo, o ser humano se conecta diretamente às energias interiores da roda cósmica: ele participa, assim, do movimento e do equilíbrio do mundo. É no mundo que o ser humano experimenta a salvação divina, ciente de que sua inteligência e agir afetam o ambiente vital.

Terminada nossa descrição, passamos a palavra à própria Hildegarda:

> O fato de que no centro da roda cósmica apareça a figura humana, indica que o homem se situa dentro da estrutura do mundo, ou seja, ao centro. Pois ele – mais que qualquer outra criatura vivente – é destinado a reinar. Sim, apesar do aspecto tão pequeno que quase provoca risos, ele é grande por suas faculdades de alma. Tem a cabeça erguida e o corpo saudável. Seus pés tocam a terra. Ele põe em movimento todos os elementos, grandes ou pequenos, e com a obra de suas mãos – direita ou esquerda – ele pervade o universo. E faz tudo isto em virtude do homem interior que o capacita a tais obras. As potências da alma que circundam o corpo chegam às alturas acima do homem, irradiando-se pelo mundo inteiro. Aquele que crê, contemplando com os olhos carnais as criaturas ao seu redor, enxerga Deus em todas as partes, reconhecendo-o Senhor sobre todas as criaturas, porque é ele o criador delas.[8]

Ela também explica o simbolismo do leão, caranguejo, lobo e cervo, donde provêm os ventos:

> Estas cabeças de animais enviam seu sopro para dentro da roda do mundo e sobre a figura humana, para que, emitidos para fora, estes ventos mantenham o mundo em equilíbrio e guardem o agir humano em vistas da salvação. De fato, o universo não existiria, nem o homem

---

[8] Hildegarda de Bingen, no *Liber divinorum operum*. Traduzimos aqui a edição *Migne* da obra. In: *Patrologia Latina* 197, coluna 761.

poderia salvar-se, se ambos não fossem constantemente animados pelo sopro de tais ventos.⁹

Hildegarda joga com palavras e imagens: vento pode ser traduzido por "sopro", "hálito vital" ou "ânimo". O leão simboliza o vento forte, que de longe faz ouvir suas rajadas. O caranguejo retrata a variação, pois ele olha para um lado e anda para outro. O lobo representa a confiança; e o cervo, a docilidade. Assim ela fala dos quatro ventos que movem o globo terrestre e do fluir do ânimo humano: força, variação, firmeza e docilidade. Há uma analogia entre os ventos do globo e os ventos interiores do ser humano (os *humores* da alma). Assim Hildegarda se preserva de deslizes teológicos: nem panteísmo confuso nem maniqueísmo pessimista. A ordem cósmica foi criada em vista da salvação: os elementos interagem sob a providente Sabedoria divina, para o bem de todas as formas de vida, cujo centro é ocupado pelo ser humano.

Em outras duas obras – *Physica* e *Causae et curae* – Hildegarda discorre sobre saúde, enfermidade e propriedades terapêuticas da natureza. Ela demonstra a correspondência das criaturas, convicta da *harmonia originária* que agrega o universo: assim como há um único plano de salvação para toda a humanidade, haveria uma interação entre as diversas manifestações do mundo visível e invisível. Essa unidade existe desde a criação e subsiste em toda a ordem cósmica. Debaixo da diversidade das criaturas há uma "potência sutil" (*subtilitas*) que perpassa todos os corpos, dos astros às plantas, relacionando os elementos, compondo as substâncias e dotando a natureza de uma capacidade curadora. Localizar as "sutilezas da natureza" significa investigar a arquitetura e as substâncias do universo criado, no qual Deus dispôs cada coisa sabiamente, para sua glória e o bem humano. Iluminada pelo ensino bíblico, Hildegarda crê que a natureza é boa, destinada por Deus a ser uma *farmácia* cujos "frutos servem de alimento e as folhas de remédio" (Ez 47,12).

Hildegarda é considerada, em nossos dias, uma precursora da abordagem holística do ser humano (Antropologia Integral) e da

---

⁹ Ibid., coluna 763.

natureza (Ecologia Complexa). Sua cosmovisão é dinâmica, num diálogo entre imanência e transcendência. Ela aponta para as noções recentes de biocenose (comunidades orgânicas de seres vivos) e ecossistema (sistemas de vida auto-organizantes e conexos), ao conceber a vida como um movimento de esferas vitais e energéticas interligadas.

c) Pierre Teilhard de Chardin (1881-1955)

Com o avanço da modernidade ocidental, o impulso científico-tecnológico interpela também a fé cristã. Os progressos da Física, as descobertas da Biologia e as teorias da evolução consolidam seus argumentos. Ciências da Natureza e Ciências do Homem se aproximam e esboçam agendas comuns. É desse turbilhão que emerge Pierre Teilhard de Chardin: jesuíta francês; cientista, geólogo e paleontólogo.

Em suas obras – especialmente *Le milieu divin* (1927) e *Le phénomène humain* (1930), publicadas após sua morte – Teilhard expõe sua inovadora antropologia e cosmovisão.[10] Em contato direto com os dados da Paleontologia e da Biologia, ele mergulhou na intimidade da matéria, perscrutando o passado e os desdobramentos recentes da biosfera. Percebeu que a vida no planeta passou por um processo milenar de complexificação, dos organismos unicelulares ao despertar psíquico (o pensamento reflexo da espécie humana). A vida planetária e cósmica estaria avançando em espiral, com ondulações evolutivas ascendentes, indo do menos ao mais complexo. Teilhard observou, então, que assim como a Ciência traçava o caminho percorrido pelas espécies, com um olhar retroativo até os primeiros organismos vivos já conhecidos, na direção de um "ponto Alfa", a ascensão evolutiva apontava para um ponto de convergência, no futuro misterioso e inevitável: o "ponto Ômega".

Na ponta qualitativa da espiral da vida, ele vê a complexidade humana: da biosfera (*bios* = vida) emerge o pensamento reflexo,

---

[10] TEILHARD DE CHARDIN, Pierre. *O meio divino*. São Paulo: Cultrix, 1995. Também: *O fenômeno humano*. São Paulo: Cultrix, 1995.

inaugurando o fenômeno da noosfera (*nous* = consciência). Desde então, o ser humano carrega consigo o devir do mundo, do qual participa inevitavelmente por sua constituição psicossomática. A respeito desta percepção, Teilhard costumava dizer que "tudo o que sobe, converge" – indicando que a complexidade das espécies não era um fenômeno dissipador, mas convergente. No termo de todas as coisas ele antevia o "ponto Ômega" atraindo a matéria cósmica e propiciando que dela emergisse o "espírito" (consciência). Esse emergir da consciência sinaliza que a noosfera se abre à transcendência, fugindo da corrupção e do desgaste que a matéria sofre ao atravessar o arco do tempo e do espaço, enquanto evolui:

> Por este nome – ponto Ômega – designei um último polo autossubsistente de consciência, bastante misturado ao Mundo para poder reunir em si, por união, os elementos cósmicos chegados ao extremo de sua centração por arranjo técnico – e capaz, no entanto, por sua natureza supraevolutiva (ou seja, transcendente) de escapar à regressão fatal que ameaça (por estrutura) toda a construção da matéria, do espaço e do tempo.[11]

Desse modo, o espírito não se opõe à matéria, mas é desta uma manifestação por força da complexidade crescente. A complexidade de cada mônada do universo avança a tal ponto, que a mônada se dobra sobre seu próprio arranjo, possibilitando a interioridade das coisas e do mundo. Assim, há em todo o fenômeno tempo-espacial uma extensão (*le dehors*) e uma profundidade (*le dedans*) que pedem o constante aperfeiçoamento dos nossos instrumentos de aferição. Dessa percepção, Teilhard conclui que nos níveis e composições da energia da Terra se mostra ao cientista "a profundidade espiritual da matéria".[12]

Essa tese fundamental proveniente da investigação, Teilhard traduziu na linguagem da meditação religiosa. Ele escreveu:

> Jamais digas, ó homem, como dizem alguns: "A Matéria se desgastou; a Matéria está morta". Até o último instante dos séculos a Matéria será

---

[11] *Comment je vois*, parágrafo 20, 1948. Apud SMULDERS, Peter. *A visão de Teilhard de Chardin*. Petrópolis: Vozes, 1965. p. 107.

[12] Cf. TEILHARD DE CHARDIN, Pierre. A potência espiritual da matéria. In: *Hino do universo*. São Paulo: Paulus, 1994. pp. 61-74.

jovem e exuberante, resplandecente e nova para quem quiser. Nunca mais repitas: "A Matéria está condenada, a Matéria é má". Pois veio alguém que disse: "Bebereis veneno e ele não vos fará mal". E ainda: "A vida sairá da morte". E finalmente proferiu a palavra definitiva da minha libertação: "Isto é meu corpo".

Não, a pureza não está na separação, mas numa penetração mais profunda do Universo. Ela está no amor da Essência única, incircunscrita, que penetra e elabora todas as coisas por dentro – muito além da zona mortal em que se agitam as pessoas e os números. Ela está num casto contato com aquele que é "o mesmo em todos".

Oh, como é belo o Espírito se elevando, ornado com as riquezas da Terra! Banha-te na Matéria, filho do Homem. Mergulha nela, lá onde ela é mais violenta e mais profunda! Luta em sua corrente e bebe sua vaga! Foi ela que outrora embalou tua consciência. É ela que te levará até Deus![13]

No processo de complexidade ascendente, o fenômeno humano é a face reflexa da própria evolução da vida. A espécie humana representa aquele grau de complexidade, no qual a evolução se dobra sobre si mesma, possibilitando a noogênese – o nascer do "espírito", isto é, a consciência.[14] Assim aparece o humano no mundo, realizando "o ponto crítico da hominização" no processo evolutivo das espécies:

> Em decorrência de alguma mutação cerebral "hominizante" que se produz nos antropoides em fins do período Terciário, a reflexão psíquica (não apenas o "saber", mas "saber que se sabe") irrompe no mundo e abre para a evolução um domínio inteiramente novo. No homem, sob as aparências de uma simples "família" zoológica nova, é na verdade *uma segunda espécie de vida* que começa, com seu novo ciclo de arranjos possíveis e seu novo invólucro planetário específico: a noosfera.[15]

Teilhard conclui que a evolução não desmente o que a fé considera obra de Deus no universo. Na complexidade que se incrementa

---

[13] Ibid., p. 68. As aspas são do próprio Teilhard.
[14] Teilhard usa o termo francês *esprit* para designar a consciência e o pensamento reflexo próprios do sujeito humano; o aparecimento do *esprit* assinala aquele momento de complexidade evolutiva em que a vida se "hominiza", inaugurando a noosfera: o invólucro de consciência da Terra.
[15] TEILHARD DE CHARDIN, Pierre. *Mundo, homem e Deus*. São Paulo: Cultrix, 1986. p. 59.

desde o "ponto Alfa" até o "ponto Ômega", ele vê uma expressão constatável da criação contínua, feita por Deus. Haveria outra forma de a criação se expressar – nos parâmetros da matéria, do tempo e do espaço –, senão pela evolução?

Longe de serem incompatíveis com a existência de uma Causa Primeira, as ideias transformistas são, ao contrário, a mais nobre e mais revigorante maneira de nos representar seu influxo. Para o evolucionista cristão, a ação criadora de Deus não se concebe mais como imposição intrusa de suas obras no meio dos seres preexistentes, mas como um *ato de fazer nascer* – no seio das coisas – os termos sucessivos de sua obra. A ação criadora de Deus não é nem menos essencial, nem menos universal, nem sobretudo menos íntima por isso. A evolução não é de modo algum "criadora" – como a Ciência pretendeu acreditar durante algum tempo; mas ela é a forma expressiva, para a nossa experiência no Tempo e no Espaço, da Criação.[16]

Para Teilhard, não há dilema entre criação e evolução, já que esta é a expressão daquela: a criação é "princípio" (*arché*) de todas as coisas; a evolução é a "manifestação" (*phenòmenon*) da criação divina no universo. Em termos de princípio, podemos dizer que a evolução teria um foco de transcendência no próprio Deus, sinalizado pelo "ponto Ômega". O Criador não estaria apenas no início da vida (*alfa*), mas – por força de atração – em todo o devir da matéria no espaço/tempo e, finalmente, na sua plenitude (*ômega*).

***

A fraternidade universal de Francisco de Assis, a visão holística de Hildegarda de Bingen e a cosmogênese de Teilhard de Chardin (aqui brevemente expostas) são altamente propositivas para uma teologia da criação em diálogo com a ciência ecológica. Esses autores abrem vias hermenêuticas promissoras para nossa leitura da Bíblia; expõem os benefícios e os riscos da relação do ser humano com o meio ambiente; afirmam a dignidade criatural de todas as coisas; alertam sobre a exploração e destruição da natureza; e nos oferecem elementos de espiritualidade e ética para nossa boa conduta na Terra.

---

[16] Ibid., apud SMULDERS, op. cit., p. 56.

5.3 Uma ética para a ecologia

A partir do século XX, vários autores têm desenvolvido a perspectiva ecológica do Cristianismo, em vista de uma Ética Ecológica de base cristã. Dentre muitos, podemos citar Bernhard Häring, Jürgen Moltmann, E. López Azpitarte, Hans Küng, Ioannis Zizioulas, Marciano Vidal e Leonardo Boff.[17] Em linhas essenciais, a Ética Ecológica cristã propõe:

- *Visão sacramental e dinâmica do universo* – O cosmos (com todos os corpos siderais) e a natureza (com sua biodiversidade) são considerados expressão da bondade, sabedoria e beleza de Deus. Juntas, as criaturas siderais e terrestres formam uma sinfonia cósmica: sinalizam a glória de Deus e cantam seu louvor. Do corpo humano (microcosmo) à imensidão das galáxias (macrocosmo), toda a criação se reveste de sacramentalidade, enquanto sinal visível das qualidades invisíveis do Criador. Os astros, a terra, as águas, o corpo e o próprio tempo se tornam epifania do mistério divino, lugar de sua revelação. A isto se acrescenta a visão eminentemente dinâmica da criação: a cada aurora, as esferas do tempo e do espaço giram; os astros cumprem sua órbita; o ciclo lunar e solar recomeça; as estações se sucedem; a vida se faz História.

- *Primado do bem comum* – Terra, água, ar, energia, identidade genética, corporeidade, sementes, fármacos e alimentos são valorados como dons do Criador e patrimônio universal da comunidade humana. Tais componentes da vida têm primazia sobre os interesses particulares, mercadológicos e bélicos: não devem se reduzir a mercadoria, mero objeto de exploração ou privilégio das elites. Afinal, são bens recebidos da natureza e destinados à sobrevivência das gerações, presentes e futuras. Ao valor material e funcional desses bens, a fé cristã acrescenta o valor

---

[17] HÄRING, Bernhard. *Livres e fiéis em Cristo*. São Paulo: Paulus, 1984. v. III. MOLTMANN, Jürgen. *Doutrina ecológica da criação*. Petrópolis: Vozes, 1993. KÜNG, Hans. *Projeto de ética mundial*. São Paulo: Paulinas, 2001. VIDAL, Marciano. *Moral de atitudes*. Aparecida: Santuário, 1986. v. III. BOFF, Leonardo. *Ecologia*: grito da terra, grito dos pobres. Rio de Janeiro: Sextante, 2004. ZIZIOULAS, Ioannis. *A criação como eucaristia*. São Paulo: Editora Mundo e Missão, 2001.

da *dádiva* que os qualifica como dons do Criador para todas as criaturas. Portanto, os recursos naturais necessários à vida e à sobrevivência têm estatuto de *bem comum* e *direito humano*.

- *Desenvolvimento sustentável* – A sacramentalidade da natureza não significa que ela seja intocável, como um acervo estático. Pois a criação é dinâmica, num processo de complexidade e regeneração na direção do *pleroma* (a coesão de todas as coisas no Cristo Cósmico). O ser humano se insere nesse dinamismo criador como sujeito responsável, convidado por Deus a guardar, cultivar, aprimorar e partilhar os bens da criação, com operosidade e zelo. Respeitar a natureza é respeitar a vida, gerenciando responsavelmente o que a Terra nos dá: climas habitáveis, colheitas e rebanhos, aquíferos, propriedades terapêuticas, fontes de energia e coexistência das espécies. Daí o conceito de *desenvolvimento sustentável*: colher, produzir e distribuir os bens com tecnologias e políticas que evitem a escassez e permitam a renovação dos recursos naturais. Isto inclui a preservação, a pesquisa, a reciclagem, a gestão de reservas, a produção de energia limpa, o combate à poluição, o reflorestamento, a segurança alimentar e a sobriedade no consumo.

- *Responsabilidade humana* – A fé cristã propõe o antropocentrismo ético, com base na responsabilidade humana pela vida na Terra. Busca-se superar o paradigma técnico-instrumental que pensava a "cultura" como "vitória sobre a natureza", fomentando a exploração danosa do planeta. A humanidade coabita a Terra como espécie peculiar, capaz de intervir e interagir com o meio ambiente. Podemos depredar ou preservar, destruir ou construir. O fato de sermos seres originais, dotados de arbítrio racional e habilidades técnicas, não nos coloca acima da teia da vida, nem nos legitima como exploradores unilaterais. A fé cristã, hoje, se empenha na correção hermenêutica e prática daquela postura "dominadora" pretensamente baseada numa ordem divina, para consolidar a postura "diaconal" em relação à natureza: "cultivar e guardar o jardim" (Gn 2,15).

- *Conversão de paradigmas* – A crise ecológica mostrou a força e a fragilidade que coexistem na Terra. A combinação entre razão instrumental, exploração irresponsável dos recursos naturais, ambição de lucro e consumismo tem causado danos terríveis ao planeta e às espécies (incluindo a nós, humanos). A teologia bíblica da criação – relida em suas coordenadas originais – nos interpela a mudar de paradigma: passar da postura unilateral do "dominar" para a postura interativa do "cultivar".[18] Isto nos leva à reeducação de hábitos e padrões: superar o estilo de vida consumista e alheio à crise ambiental e assumir o estilo convivial, comprometido com a vida na Terra.

- *Estratégias ecológicas* – Os cinco princípios anteriores se refletem em estratégias operacionais. Dentre estas, a fé cristã valoriza especialmente: educação ambiental que inclua o redimensionamento de hábitos, valorização dos produtos artesanais e orgânicos, uso sóbrio dos recursos naturais e partilha de bens; iniciativas ecológicas pessoais, comunitárias e governamentais planificadas; políticas públicas adequadas (gestão de recursos hídricos, controle de poluentes, segurança alimentar, produção de energia limpa, tecnologias de solução ambiental); "Ecologia Humana" (inclusão de minorias étnicas, acesso aos recursos naturais, direito a terra, atendimento a migrantes, superação da miséria e da fome); desarmamento e concentração de investimentos na ecologia; pesquisa e uso pacífico de energia nuclear e outras, de fontes alternativas (vento, sol, ondas do mar).

5.4 Ecologia, compromisso das Igrejas Cristãs

Com vistas à agenda global do século XXI, tem crescido o empenho conjunto das Igrejas Cristãs em prol da ecologia. Além das iniciativas locais de líderes e instituições (conselhos de Igrejas, simpósios, programas de ação e centenas de publicações), destacam-se quatro eventos de alcance internacional.

---

[18] O verbo "cultivar" compõe o sentido diaconal do senhorio humano, à imagem do senhorio de Deus: criador, mantenedor e amigo da vida.

a) Assembleia Ecumênica da Europa

A *Assembleia Ecumênica da Europa* (Basileia, 1989) dedicou-se ao tema "Justiça e paz". O evento fomentou uma Europa reconciliada cujos benefícios alcançassem as demais nações e o Planeta. Os participantes trataram de economia global, relações Norte-Sul, ética e Cristianismo. Dedicaram um grande volume de reflexão, avaliação e projeção à questão ambiental: ecologia e pneumatologia; justiça e paz com a criação; participação cristã na ecologia mundial. O *Documento Final* esboça uma Europa reorganizada em termos econômicos, ecumênicos e ecológicos. O paradigma não se fixa em *Bereshit* (gênese do mundo), mas se afirma em *Shalom* (a plenitude de justiça e paz com a criação). Citam-se as ameaças ao meio ambiente e as possibilidades de solução, que deverão irmanar Igrejas, governos, cidadãos e instituições.

b) Assembleia Ecumênica Mundial de Seul

Esta *Assembleia Ecumênica Mundial* (Seul, 1990) tratou de "Justiça, Paz e Salvaguarda da Criação". A agenda priorizou temas candentes e internacionais: ameaças à vida no Planeta; Ecologia Humana e Ecologia Ambiental; afirmação dos direitos dos povos, destacando o direito a terra, à qualidade de vida e à liberdade; solicitações recíprocas entre justiça, paz e ecologia. O paradigma evolui mais uma vez, indo de *Bereshit* (gênese do mundo) e *Shalom* (plenitude de justiça e paz com a criação) para firmar-se em *Berith* (a aliança solidária pela justiça, paz e salvaguarda da criação). A aliança entre Criador e criatura iluminou a reflexão teológica, ética, política e ecológica. Disto resultou um programa de ação, envolvendo as Igrejas signatárias num *Ato de Aliança*. Este programa tem inspirado várias iniciativas locais e internacionais, a partir de então. Inclui a globalização da solidariedade, a superação da fome e do racismo, a participação do poder popular na gestão política e ecológica, a superação da violência, a inclusão dos pobres, a solução para dívidas nacionais, a convivência étnica, o desarmamento mundial. Há termos de diálogo entre o Conselho Mundial de Igrejas, o Programa das

Nações Unidas para o Meio Ambiente (UNEP) e a Organização das Nações Unidas para a Educação, Ciência e Cultura (Unesco).

c) Assembleia Ecumênica de Camberra

Esta *Assembleia Ecumênica* (Camberra, 1991) foi iluminada pela invocação "Vem, Espírito Santo, e renova toda a criação". Todo o evento partiu de uma *décolage* pneumatológica, isto é, à luz da ação renovadora do Espírito Santo na humanidade e no mundo. Foi um passo a mais na trilha aberta pela Assembleia anterior, ocorrida em Seul. Em Camberra fez-se um incrível aprofundamento da teologia da criação a partir das categorias judaicas e cristãs, com acento pneumatológico e trinitário. A reflexão trouxe à tona problemas complexos da condição humana no Planeta e acolheu no debate as mais recentes e promissoras intuições da teologia bíblica, sistemática, moral e espiritual. Em Camberra as Igrejas Cristãs alcançaram um *plus* de qualidade no debate, levando alguns pontos de Seul ao aprimoramento reflexivo e estratégico: cristãos do Extremo Oriente contribuíram com sua cultura diferenciada, ampliando as perspectivas judaico-cristãs tradicionais; avaliou-se o paradigma criacional antropocêntrico, sem renunciar à responsabilidade própria do ser humano na Terra; acentuou-se a conexão entre Igreja e mundo; projetou-se uma ética da economia e da ecologia e tratou-se de meios concretos de ação, ao alcance das Igrejas participantes. Estratégias eleitas: aquisição de poder de interferência em nível local (políticas de desenvolvimento); reforma da ordem econômica internacional; repensar a economia; aprimorar a estrutura de Direitos Humanos da ONU; fomentar a democracia e o bom governo; articular conscientização, educação e espiritualidade.

d) Simpósio Internacional sobre as Religiões e a Água

O *Simpósio sobre as Religiões e a Água* (Amazonas, Brasil, 2005) foi articulado internacionalmente pelo Patriarca ecumênico de Constantinopla, Sua Santidade Bartolomeu I. O evento reuniu líderes das grandes e pequenas religiões, em nível mundial e amazônico. Recebeu apoio do Conselho Mundial de Igrejas, do Pontifício Conselho para o Diálogo Inter-religioso, da Pontifícia Comissão de Justiça e Paz, de organismos da ONU e vários governos. O simpósio transcorreu em movimento, num barco-sede que navegou em águas amazônicas. A cada parada, um evento inter-religioso celebrava o tema, reunindo as religiões abraâmicas, os cultos ancestrais africanos e as religiões tradicionais indígenas. Participaram, lado a lado, teólogos, biólogos, políticos, ecologistas, bispos, pajés, rabinos e imãs. Destacaram-se o valor vital da água, sua gestão sustentável, as políticas ambientais e a Ecologia Humana. O evento confirmou a responsabilidade das religiões na educação ambiental e, sobretudo, a preservação e gestão sustentável dos recursos hídricos.

***

No caso da fé cristã, a ecologia não proporcionou apenas a correção semântica e o aprofundamento exegético da Bíblia, mas impulsionou uma conversão paradigmática que toca os vários níveis de compreensão e prática do Evangelho. Cada vez mais, questões vitais como segurança alimentar, cuidado da natureza, economia solidária e desenvolvimento sustentável atravessam a teologia, a moral, a espiritualidade e os programas de evangelização. O desafio é consolidar – hoje e no futuro próximo – uma visão da criação bíblica que seja aberta à ecologia, educando os cristãos à corresponsabilidade em face do Criador e das criaturas:

> Evidentemente há nas Escrituras uma outra leitura do relato da criação com outra funcionalidade do ser humano, feito anjo protetor e cultivador do jardim do Éden (Gn 2,15). E assim reforçando uma fundamental perspectiva ecológica. Deveremos, em seu devido lugar, desentranhar outras perspectivas da tradição judeo-cristã que são benfazejas para uma religação de todas as coisas consigo mesmas e com sua fonte. Assim nos referiremos à graça original, à aliança com todos os viventes simbolizada pelo arco-íris após o dilúvio, à dança da criação, ao Evangelho do Cristo cósmico, à in-habitação do Espírito nas energias do universo, à natureza sacramental da matéria por causa da encarnação

do Verbo e dos sacramentos, à recapitulação de todas as coisas para serem, por assim dizer, o corpo de Deus.[19]

Referências bibliográficas

BINGEN, Hildegarda de. *Il libro delle opere divine*. Milano: Mondadori, 2003.

_____. *Scivias*: conoce los caminos. Madrid: Trotta, 1999.

BOFF, Leonardo. *Ecologia*: grito da terra, grito dos pobres. Rio de Janeiro: Sextante, 2004.

HÄRING, Bernhard. *Livres e fiéis em Cristo*. São Paulo: Paulus, 1984. v. III.

HAUGHT, John. *Cristianismo e ciência*: para uma teologia da natureza. São Paulo: Paulinas, 2009.

KÜNG, Hans. *Projeto de ética mundial*. São Paulo: Paulinas, 2001.

MALDAMÉ, Jean-Michel. *Cristo para o universo*. São Paulo: Paulinas, 2005.

MESTERS, Carlos. *Paraíso terrestre*. 16. ed. Petrópolis: Vozes, 1999.

MOLTMANN, Jürgen. *Doutrina ecológica da criação*. Petrópolis: Vozes, 1993.

OLGIATI, Feliciano (Trad.). *Gli scritti di Francesco e Chiara d'Assisi*. Padova: Messaggero, 1996.

SMULDERS, Peter. *A visão de Teilhard de Chardin*. Petrópolis: Vozes, 1965.

TEILHARD DE CHARDIN, Pierre. *O meio divino*. São Paulo: Cultrix, 1995.

_____. *O fenômeno humano*. São Paulo: Cultrix, 1995.

_____. *Hino do universo*. São Paulo: Paulus, 1994.

_____. *Mundo, homem e Deus*. São Paulo: Cultrix, 1986.

ZIZIOULAS, Ioannis. *A criação como eucaristia*. São Paulo: Editora Mundo e Missão, 2001.

6
Islã

6.1 Teologia corânica da criação

Inserido na tradição semita, o Islã considera a existência dos astros, da Terra, dos vegetais e animais, das águas e do ser humano uma obra de Deus (*Allah*).[1] Ele cria todas as coisas por sua soberana vontade, a partir do nada.[2] *Allah* é o criador, mantenedor e provedor de todas as coisas.[3] Governa o mundo com justiça e misericórdia, sem contradição entre esses atributos.[4] Nada escapa à presciência divina: "*Allah* insere a noite no dia e o dia na noite; ele é Oni-ouvinte e Onividente" (Sura 22,61; também 13,9). Ele cria e segue cuidando da criação: "Acima de vós criamos sete céus em estratos, e não descuramos da nossa criação" (Sura 23,17). Com sabedoria, *Allah* estabeleceu o devido lugar a cada criatura, na ordem cósmica e terrena:

A Deus pertence o reino dos céus e da terra e a Deus será o retorno. Porventura, não reparas em como Deus impulsiona as nuvens levemente? Então as junta, e depois as acumula? Não vês a chuva manar do seio delas? E que ele envia massas de granizo, com que atinge quem lhe apraz, livrando dele quem quer? Pouco falta para que o resplendor das centelhas lhes ofusque as vistas. Deus alterna a noite e o dia. Em verdade, nisto há uma lição para os sensatos. E Deus criou da água todos os animais; e entre eles há répteis, bípedes e quadrúpedes. Deus cria o que lhe apraz, porque Deus é onipotente (Sura 24,42-45).

---

[1] Cf. Alcorão: Suras 2,164 e 39,5.
[2] Cf. Alcorão: Sura 2,117 e o verso 164.
[3] Cf. Alcorão: Sura 23,88-89.
[4] Cf. Alcorão: Suras 2,22 e 14,32-34.

Não reparam, acaso, em como Deus origina a criação e logo a reproduz? Em verdade isso é fácil para Deus. Dize-lhes: Percorrei a terra e contemplai como Deus origina a criação; assim sendo, Deus pode produzir outra criação, porque Deus é onipotente (Sura 29,19-20).

Assim, as criaturas glorificam a Deus e servem de sinal evidente da onipotência divina aos olhos da humanidade:

> Seus (de *Allah*) são os louvores, nos céus e na terra, tanto na hora do poente como ao meio-dia. Ele extrai o vivo do morto, e o morto do vivo; e vivifica a terra, depois de haver sido árida. E assim sereis ressuscitados! Entre seus sinais está o de vos ter criado do pó; logo, vós sois seres que se espalham pelo globo. Entre seus sinais está o de vos haver criado companheiras da vossa mesma espécie, para que com elas convivais; e colocou amor e piedade entre vós. Por certo que nisto há sinais para os sensatos. E entre seus sinais está a criação dos céus e da terra, as variedades dos vossos idiomas e das vossas cores. Em verdade, nisto há sinais para o que sabem discernir. E entre seus sinais está o do vosso dormir durante a noite e, durante o dia, o de procurardes sua graça. Certamente, nisto há sinais para os que escutam. E entre seus sinais está o de mostrar-vos o relâmpago, provocando temor e esperança, e o de fazer descer a água dos céus, com a qual vivifica a terra depois de haver sido árida. Sabei que nisto há sinais para os que raciocinam. E entre seus sinais está o fato de os céus e a terra se manterem sob seu divino comando, e quando vos chamar, uma só vez, eis que saireis ressuscitados da terra. E seus são todos os que estão nos céus e na terra; tudo lhe obedece. Ele é quem origina a criação, logo a reproduz, porque isso lhe é fácil. Sua é a mais elevada similitude, nos céus e na terra; ele é o Poderoso, o Prudentíssimo (Sura 30,18-27; também 2,164).

Semelhante à teologia bíblica, o Islã considera o cosmos uma prova viva da existência, poder e sabedoria de Deus, que se faz conhecer (em analogia) por meio das criaturas:

> Quem criou os céus e a terra, e quem envia a água dos céus, mediante a qual fazemos brotar vicejantes vergéis, cujos similares jamais podereis produzir? Poderá haver outra divindade em parceria com Deus? Qual! Porém, esses que assim afirmam são seres que se desviam. Ou quem fez a terra firme para se viver, dispôs em sua superfície rios, dotou-a de montanhas imóveis e pôs entre as duas massas de água (doce e salgada)

uma barreira? Poderá haver outra divindade em parceria com Deus? Qual! Porém, a sua maioria é insipiente. Ademais, quem atende o necessitado quando implora, e liberta do mal e vos designa sucessores na terra? Poderá haver outra divindade em parceria com Deus? Quão pouco vós meditais! Também, quem vos ilumina nas trevas da terra e do mar? E quem envia os ventos alvissareiros, que chegam antes da sua misericórdia (as chuvas benfazejas)? Haverá outra divindade em parceria com Deus? Exaltado seja Deus acima de quanto erroneamente lhe associam! Ainda: Quem origina a criação e logo a faz multiplicar? E quem vos dá o sustento do céu e da terra? Poderá haver outra divindade em parceria com Deus? (Sura 27,60-64; também 13,16)

Dentre as criaturas, o ser humano foi designado "califa" (Sura 2,30) – representante terreno de *Allah* –, dotado de alma espiritual e livre-arbítrio, capaz de conhecer, amar, obedecer e adorar o Criador:

Criamos o homem da essência do barro. Em seguida, fizemo-lo uma gota de sêmen, que inserimos em um lugar seguro. Então, convertemos a gota de sêmen em algo estável; transformamos o coágulo em feto e convertemos o feto em ossos; depois, revestimos os ossos de carne; então, o desenvolvemos em outra criatura. Bendito seja Deus, Criador por excelência! (Sura 23,12-14; também 22,5).

Enobrecemos os filhos de Adão e os conduzimos pela terra e pelo mar; e os agraciamos com todo o bem; os preferimos enormemente sobre a maior parte de tudo quanto criamos (Sura 17,70).

Deus vos extraiu das entranhas de vossas mães, desprovidos de entendimento; então vos formou os ouvidos, as vistas e os corações, para que lhe agradecêsseis (Sura 16,78).

A visão islâmica do mundo repousa na consideração da obra divina como ordem universal, destinada a cumprir a vontade de Deus. Em vista disso, *Allah* criou o ser humano com capacidade cognitiva, moral e espiritual, para que fosse o seu "legatário" na Terra.[5] Este mandato, porém, não confere ao ser humano um poder irrestrito sobre as criaturas. Não é uma tirania, mas gestão responsável.[6] Além

---

[5] Alcorão: Sura 2,30.
[6] Cf. Alcorão: Sura 30,30.

disso, o ser humano é limitado. Carece da luz divina para discernir e cumprir ações justas.[7] Somente o Criador, providente, equânime e sapientíssimo, reina sobre todas as criaturas:

> Foi *Allah* quem criou sete firmamentos e outro tanto de terras; e seus desígnios se cumprem, entre eles, para que saibais que Deus é onipotente, Aquele que tudo abrange com sua onisciência (Sura 65,12).
>
> Ele conhece tanto o que penetra na terra, como que dela sai; o que desce do céu e o que a ele ascende, porque é infinitamente Misericordioso e Indulgente (Sura 34,2 com paralelo em 57,4).
>
> Ele é o Senhor do nascente e do poente (Sura 73,9).

6.2 Sabedoria ecológica do Alcorão

A Sura 25,63 nos diz algo significativo: "Assim se comportam os servos do Misericordioso: eles pisam a terra com humildade". Em árabe, "pisar" equivale a "caminhar" ou "trilhar com os pés". A humildade brota da autoconsciência criatural do homem e lhe confere a justa medida no relacionamento com o próximo e na gestão dos bens, especialmente os bens naturais. Essa "justeza" para com as coisas da Terra se traduz na expressão "pisar o chão com humildade" ou "pisar a terra pacificamente". Esta perspectiva se amplia, quando o Alcorão propõe outras virtudes intelectivas, espirituais e morais, aplicáveis à conduta em geral e à sustentabilidade da vida, em particular.

a) Reconhecer as dádivas do Criador

> Um sinal para eles é a terra árida que vivificamos e da qual fazemos surgir os grãos com que se alimentam. Nela produzimos jardins de tamareiras e videiras; e dela fazemos brotar fontes, para que possais comer dos seus frutos e do quanto vossas mãos produzem. Acaso reconhecem? Glória Àquele que criou aos pares tudo o que a terra produz (Sura 36,33-36).

---

[7] Cf. Alcorão: Suras 45,13-15 e 67,1-4.

Estes versículos convidam o ser humano a reconhecer a ação de Deus, que transforma a terra árida em solo fértil. Os processos naturais de germinação e frutificação, bem como o jorrar das fontes, são vistos sob ótica sagrada, como dádivas do Criador. Acena-se discretamente à Providência divina, que premune as criaturas de potencialidades presentes e futuras, garantindo o devir da vida. À sacralidade da Natureza o texto acrescenta a sacralidade do trabalho humano, "para que possais comer dos seus frutos e do quanto vossas mãos produzem". Em face de tantos sinais da benevolência divina, o Alcorão indaga, referindo-se aos seres humanos: "Acaso reconhecem?". Pois a gratidão é uma virtude altamente considerada pela fé muçulmana. Depois, conclui com uma doxologia: "Glória Àquele que criou aos pares tudo o que a terra produz". A menção "aos pares" se refere à fecundidade dos reinos animal e vegetal, incluindo o mistério e a beleza da sexualidade humana.

b) Evitar o desperdício e praticar a generosidade

E concede ao parente o que lhe concerne por direito; também ao pobre e ao viajante, e não desperdices irresponsavelmente os teus bens. Certamente, os desperdiçadores são irmãos do demônio – e o demônio foi ingrato ao seu Senhor. Se não podes socorrer os parentes, pobres e peregrinos, confiando-os à misericórdia do teu Senhor, dize-lhes ao menos uma palavra benévola. Não tenhas a mão atada ao pescoço, nem demasiadamente estendida; senão perecerás afligido e empobrecido. Certo: o Senhor distribui seus dons com largueza ou com parcimônia, a quem Ele quer (Sura 17,26-29).

Os primeiros versículos incentivam à generosidade para com os parentes, os pobres e os viajantes.[8] Recordam que *Allah* é indulgente com quem é indulgente e advertem contra o desperdício. Quem desperdiça ofende o Criador; dispersa o que deveria

---

[8] Traduzimos por "viajante" uma categoria de pessoas que, em árabe, se designa como "filho do caminho" (*ibn as-sabil*). O Alcorão considera "filho do caminho" toda pessoa que, em viagem, se encontra sem posse de recursos ou distante de suas reservas financeiras, à mercê das contingências, como: peregrinos, migrantes, missionários e até mesmo estudantes bolsistas.

ser partilhado com os pobres; torna-se ingrato perante Deus. Com sabedoria proverbial, esta Sura aconselha a temperança: "Não tenhas a mão atada ao pescoço (expressão árabe para a avareza), nem demasiadamente estendida (como quem dissipa negligentemente)", pois Deus mesmo "distribui seus dons com largueza ou com parcimônia" (17,29-30). Trata-se de aviso contra o consumismo e apelo ao uso sóbrio, seja dos recursos naturais, seja dos bens de produção.

c) Respeitar o ritmo da natureza

Allah faz descer água do céu e, com ela, vivifica a terra, depois de morta. Nisso há um sinal para um povo que ouve. Nos rebanhos, igualmente, há um ensino para vós: Nós vos damos de beber do que há em seu ventre – separado de dejetos e sangue: o leite puro, suave para quem o bebe. Do fruto das tamareiras e videiras extraís uma bebida inebriante [o vinho] e um nutrimento excelente [tâmaras e passas]. Eis um sinal para gente que reflete! E o Senhor inspirou às abelhas: "Fazei morada nas montanhas, nas árvores e nas edificações que os homens erguem; depois comei daquilo que os vegetais produzem e segui docilmente as sendas do vosso Criador". De seu ventre mana um licor: variadas são suas cores e nele há cura para os homens. Por certo há nisso um sinal para um povo que reflete (Sura 16,65-69).

Não vês que o Senhor faz descer do céu a água e, com ela, faz nascer frutos de cores variadas, e que entre as montanhas encontram-se aquelas de estratos brancos e vermelhos, bem como outras de cor negra como o corvo? E que entre os humanos, os répteis, os animais e os rebanhos há espécimes de cores variadas? (Sura 35,27-28).

Estas Suras exaltam os benefícios da natureza: chuvas e fecundidade do solo; fontes minerais; rebanhos, carne e leite; tamareiras, vinhedos e mel, donde extraímos bebida, comida e remédios. O aceno à terra "morta" é advertência sobre a aridez e a exaustão do solo. Mas, com sobriedade e cultivo, nenhum bem faltará. Com tais atitudes garante-se o suficiente para todos e respeita-se o ritmo regenerativo da natureza, espaço vital e fonte primária do sustento humano.

d) Seguir a via mediana

[Os servos do Misericordioso] no seu gastar, não são nem esbanjadores, nem avarentos: o equilíbrio está no meio-termo (Sura 25,67).

Assim é, para que não vos desespereis pelo que vos falta, nem exulteis por aquilo que vos é dado. *Allah* não ama o insolente cheio de vanglória, nem o avaro que impõe aos outros sua avareza (Sura 57,23-24).

O Alcorão desaconselha os excessos, considerados injustos e danosos para a saúde. Eles nascem da vaidade e da presunção, "[como alguém] que institui divindades a seu gosto, ávido por viver mil anos" (Sura 2,96). Deve-se seguir a virtude mediana, evitando os extremos da avareza e do desperdício: "o equilíbrio está no meio-termo" (Sura 25,67).

e) Cuidar da alimentação e da qualidade de vida

Comei do que há na terra, sendo lícito e benigno; e não sigais os passos de Satã [que foi ingrato perante Deus]. *Allah* vos proibiu apenas a carne do animal morto, o sangue, a carne de porcos e tudo quanto for imolado sob invocação de outro nome que não seja *Allah*. Contudo, quem for constrangido a alimentar-se disso – não sendo transgressor nem agressor voluntário – não terá pecado sobre si. Por certo *Allah* é indulgente e misericordioso (Sura 2,168 e 173).

A permissão do bom nutrimento vem antes das proibições. Estas servem para prevenir enfermidades e manter saudável o corpo, num contexto de limitados recursos alimentares e sanitários. A Sura adverte, enfim, que as pessoas carentes, impelidas pela fome, não pecam se comerem do que estava proibido.

Esta página do Alcorão se aproxima do episódio evangélico em que os discípulos de Jesus – movidos pela fome – tomam espigas e delas se nutrem, sem licença do proprietário e em pleno *shabat* (sábado), quando se proibia a colheita (cf. Mc 2,23-28). Indagado sobre o fato, Jesus respondeu: "O sábado foi feito para o homem, não o homem para o sábado" (Mc 2,27).

Além disso, esta Sura tem impacto pedagógico. De um lado, ensina que o direito à alimentação tem prioridade sobre as proibições, especialmente no caso dos famintos. Essa prioridade favorece uma interpretação humanizante da *Sharia* (lei islâmica) e estabelece critérios de segurança alimentar. Por outro lado, a parábola nos leva a questionar sobre as causas da fome: Pobreza? Exclusão social? Escassez? Acúmulo de bens nas mãos de poucos? Preços inacessíveis à maioria da população? Estratégias ilícitas do mercado?

Cabe à humanidade refletir, seguir o desígnio de justiça e paz decretado pelo Criador e converter sua conduta para o bem pessoal e comunitário.

***

Estas Suras citam o solo, os astros, as águas, os rebanhos, as plantas e os oásis não só como recursos didático e argumentativo, mas como bens cotidianos e concretos. Com seu estilo peculiar, o Alcorão faz uma abordagem religiosa da biodiversidade. Por meio das criaturas *Allah* manifesta sua sabedoria, providência e vontade a respeito do mundo em geral, e do ser humano em particular. As virtudes propostas são de fato "ecológicas", pois se referem ao uso sensato dos bens, ao tratamento das águas e da terra, à manutenção dos recursos naturais, à gratidão pelos víveres, à moderação no comer e no beber, ao direito dos pobres à alimentação, evitando excessos e desperdícios, numa atitude de gratidão e responsabilidade diante da criação e do próximo.

6.3 Duas parábolas

Na transmissão árabe da revelação divina, o Alcorão utiliza muitas vezes um estilo literário chamado *mathal*, "parábola", "exemplo" ou "analogia". É um estilo muito usado na argumentação didática, na forma de contos ou parábolas com sentido ético, sapiencial ou místico.[9] Com relação à ecologia, duas parábolas se destacam parti-

---

[9] Lê-se "maçal", com th suave. Tem a mesma raiz do *mashal* hebraico. O Alcorão declara a legitimidade do *mathal* na Sura 14,24: "Não vês como Deus propõe em parábola uma boa palavra, semelhante a uma árvore frondosa, cuja raiz é sã e cujos ramos tocam os céus?".

cularmente: "O pomar e os necessitados" (Sura 68,17-20) e "A tenda estendida" (Sura 78,1-16).

a) O pomar e os necessitados

Certamente provaremos o povo de Meca, como provamos os donos do pomar, ao decidirem colher todos os seus frutos ao amanhecer, sem a invocação [do nome de *Allah*]. Aconteceu que enquanto dormiam, sobreveio-lhes uma centelha do teu Senhor. E, ao amanhecer, o pomar estava como se houvesse sido ceifado. [Porque *Allah* os tratou assim?] Porque naquela manhã, confabularam entre si: "Ide aos vossos campos, se quereis colher!" – E saíram sussurrando: "Que hoje não entre no vosso pomar nenhum necessitado". Assim iniciaram a manhã com avareza, embora cheios de bens. Mas quando viram o pomar sem nenhum fruto [por obra de *Allah*, o sapiente] disseram: "Em verdade, estamos perdidos! Estamos privados de tudo!" – E o mais sensato deles disse: "Não tinha eu vos advertido? Por que não glorificastes a Deus?" – Responderam: "Glorificado seja o nosso Senhor! Em verdade, fomos iníquos!" – E começaram a reprovar-se mutuamente. Então disseram: "Ai de nós, que fomos transgressores... É possível que o nosso Senhor nos conceda outro pomar, melhor do que este. Voltemo-nos, pois, para Deus" (Sura 68,17-20).

Aqui os conteúdos ético e ecológico se juntam na virtude da generosidade: assim como *Allah*, soberano do universo, concede-nos a dádiva de um pomar frutuoso, também nós, "califas" de Deus na Terra, devemos administrar esses bens com justiça, especialmente para com os pobres. Este *mathal* aproxima justiça e glorificação de *Allah*: assim como o louvor coroa a prática da justiça, em sentido inverso (mas correspondente) a prática da justiça é o coroamento do louvor. Assim, o Alcorão vincula justiça e glorificação de Deus, visto que admitir os necessitados no pomar é obra agradável a *Allah*, que proscreve a avareza e prescreve a generosidade. Outra passagem corânica declara enfaticamente:

A piedade não consiste em voltar a face ao Oriente ou ao Ocidente. Piedoso é aquele que crê em *Allah*, no juízo, nos anjos, no Livro e nos profetas; que, por amor a Deus, dá de seus bens aos parentes, aos órfãos, aos necessitados, aos peregrinos e aos mendigos; é aquele que resgata os escravos, recita as preces e paga o tributo dos pobres; que cumpre suas obrigações, suportando adversidades, infortúnios e perigos. Assim são os crentes e piedosos (Sura 2,177).

Há também outra Sura que vai à mesma direção:

Pensa, acaso, que ninguém poderá com ele? Pois diz o insensato: "Já consumi vastas riquezas". Crê ele, porventura, que ninguém o vê? – Não o dotamos de dois olhos, de uma língua e de dois lábios, e lhe indicamos os dois caminhos [o da justiça e o da iniquidade]? Porém ele não tentou vencer as vicissitudes. E o que é vencer as vicissitudes? É libertar o cativo e alimentar, no dia da privação, o parente órfão ou o indigente necessitado. É, além disso, contar-se entre os que creem, que se exortam mutuamente à perseverança e se recomendam à misericórdia. Seus lugares serão à direita de Deus. Porém, aqueles que negam nossos sinais terão os seus lugares à esquerda, circundados pelo fogo (Sura 90,5-20).

Nesses casos, a ganância e o acúmulo desonram a natureza, ofendem a generosidade divina e privam os necessitados do sustento. O Alcorão vincula os bens da natureza à justiça para com os necessitados, acenando para uma ética ecológica que previne a escassez e trata os bens globais – água, solo, ar, fármacos, fontes de energia, sementes e colheitas – como direito humano.

b) A tenda estendida

Acaso não dispusemos a Terra como um leito e as montanhas, como estacas de uma tenda? E vos criamos todos em casais. E fizemos do vosso sono um repouso. Criamos a noite como um manto; e o dia, como tempo propício para a vida. E estabelecemos, por cima de vós, os sete firmamentos; e neles pusemos uma luz resplandecente. Enviamos das nuvens a chuva copiosa, para produzir, por meio dela, os cereais, as plantas e frondosos jardins (Sura 78,1-16).

Esta parábola (*mathal*) está cheia de analogias. A natureza é apresentada como tenda erguida num oásis. Ela tem por toldo os céus (manto) e se sustenta com as montanhas (estacas). Ao abrigo desta tenda, repousamos na Terra (o leito). Nela o ser humano descansa (sono) e procria (os casais). A "luz resplandecente" faz-nos pensar no sol, mas pode significar também a lua cheia, no caso das noites. O oásis é descrito com elementos do ciclo hidrológico e do plantio. A chuva que irriga o solo cai copiosa porque *Allah* "espreme a esponja": é assim que o árabe diz "chuva das nuvens" neste versículo. Esta chuva é tão vital para as pessoas, os animais, a agricultura e o equilíbrio climático, que o árabe costuma chamá-la de "misericórdia divina" (*rahmat-U'llah*).[10]

O risco de escassez não está no texto, mas no contexto do cenário original: o clima árido, o sol escaldante, as chuvas sazonais, a raridade das fontes, a fragilidade dos grãos e as ameaças à boa colheita. A prodigalidade do Doador deve equilibrar-se com a responsabilidade do ser humano no usufruto das dádivas. A isto Mahmud-Abedin acrescenta:

> O Islã reconhece a importância da segurança e proteção ambiental. A manutenção de um ambiente limpo é o dever cívico fundamental dos crentes que devem contribuir para o controle da poluição e para um ambiente mais saudável. O profeta [Muhammad] encorajou a plantação de árvores, a preservação e conservação de recursos, o uso cuidadoso da água e de outros recursos ambientais, e a segurança no ambiente quando ele descreveu atos como a remoção de um objeto perigoso do caminho das pessoas, como caridade merecedora da recompensa de *Allah*. Contudo, o princípio do equilíbrio e da moderação continua a ser fundamental nos ensinamentos islâmicos.
>
> Os humanos têm a vice-regência de Deus na terra (cf. Sura 2,30). Por conseguinte, são responsáveis pela proteção e preservação daquilo que lhes foi confiado por Deus. Toda a vida deve ser respeitada, de modo que não deve haver caça, ou matança de animais ou a sua manutenção em cativeiro para prazer e lucro. Deve evitar-se o desperdício e também o uso excessivo de recursos.[11]

---

[10] Como na Sura 27,63: "E quem [senão *Allah*] envia os bons ventos, que antecedem a Sua misericórdia [*rahmat-U'llah*]?": isto é, a chuva.

[11] MAHMUD-ABEDIN, Saleha. Islão e governação global. In: MISCHE, Patrícia; MERKLING, Melissa (Org.). *Desafio para uma civilização global*: diálogo de culturas e religiões. Lisboa: Instituto Piaget, 2001. p. 325.

6.4 Ecoteologia muçulmana

O Islã crê que o Alcorão contém a instrução de *Allah* sobre as criaturas e o ser humano, iluminando as relações entre humanidade e natureza (cf. Sura 27,75). Assim, pode-se colher da revelação corânica os princípios e critérios para a preservação e a sustentabilidade da vida planetária. Nesta direção tem-se desenvolvido uma promissora "exegese ecológica" do Alcorão, ainda emergente.[12] Da leitura dos textos corânicos[13] e dos estudos de Fazlun Khalid e Karim Hamdy,[14] nós tomamos as perspectivas que seguem, sobre Islã, ecologia e sustentabilidade:

a) Quatro princípios de sustentabilidade

- Princípio da unidade (*tawhid*) – "*Allah* é o único, o sustentador (de todas as coisas); não gerou nem foi gerado" (Sura 112,1-2). Também: "A Deus pertence tudo o que há nos céus e sobre a terra: ele abrange todas as coisas" (Sura 4,126). Para o Islã, à unidade de Deus corresponde a unidade da criação: "(No princípio) céus e terra formavam um todo compacto" (Sura 21,30). Já que todos os seres provêm da ação criadora do único Deus, todos estão conexos entre si.

- Princípio da criação (*fitra*) – "Dentre seus sinais está a criação dos céus e da terra, e a variedade de vossas línguas e cores. [...] Volta teu rosto à religião, sendo monoteísta sincero. Assim é a natureza de *Allah*, segundo a qual ele criou a humanidade. A criação feita por Deus é estável. Esta é a verdadeira religião" (Sura 30,22/30). Deus é uno e bom, e com tais qualidades criou

---

[12] A exegese e a teologia ecológicas do Islã são desenvolvidas por Fazlun Khalid, Karim Hamdy, Mohd Nur Mamat, Karim Ghoneim, Muhammad Muinul Islam, Seyyed Hossein Nasr, Mawil Izzi Dien, Zia-Uddin Sardar, Parvez Mansur e Sumaya Ouis.

[13] Para exegese e hermenêutica, usamos edições do Alcorão com aparato terminológico, comentários exegéticos, indicação de paralelos bíblicos, informações históricas, culturais e literárias (cf. referências no final deste capítulo).

[14] Fazlun Khalid é diretor da Islamic Foundation for Ecology and Environmental Sciences (Birmingham UK). Karim Hamdy é consultor do Office of International R&D (Oregon, USA).

o ser humano e os demais seres (Deus não é o autor do mal). A diversidade das criaturas (biodiversidade, etnias, culturas) não determina nem maldade, nem oposição. O mal e os conflitos surgem por obra do egoísmo, da iniquidade e da violência. Deus criou todas as coisas boas e interligadas.

- Princípio da balança (*mizan*) – "O Clemente ensinou o Alcorão; criou o homem e ensinou-lhe a eloquência. O sol e a lua giram em suas órbitas. As ervas e as árvores se prostram em adoração. Deus elevou o firmamento e estabeleceu a balança. Cumpri o peso com equidade e não defraudeis no peso" (Sura 55,1-9). Toda a criação tem uma ordem e um propósito estabelecidos pelo Criador, de modo que tudo se conecta num equilibrado movimento. O termo *mizan* (balança) ilustra o delicado equilíbrio da criação e apela à responsabilidade humana: nossa interferência na natureza pode preservar ou destruir o que Deus criou.

- Princípio da responsabilidade (*khalifa*) – "Foi ele quem vos constituiu seus vice-regentes na Terra" (Sura 6,165). O termo árabe "califa" significa legatário, representante ou vice-regente. Qualifica a responsabilidade que *Allah* confiou ao ser humano, para o bem da criação. Ciente de que Deus criou todas as coisas em bondade e unidade, a pessoa humana deve corresponder a este desígnio mediante critérios, decisões e práticas sustentáveis.[15]

b) Três perspectivas de conhecimento e prática ecológica

- "Nisso tudo há sinais para um povo que raciocina" (Sura 2,164). A criação é um livro aberto, repleto de sinais pelos quais o Criador nos convida à observação, investigação, descoberta, usufruto, manutenção e sustentabilidade. Daí a aplicação muçulmana às ciências, às artes e aos ofícios: astronomia, álgebra, música, grafia, aritmética, medicina, filosofia, química, biologia e ecolo-

---

[15] Cf. KHALID, Fazlun. Islam and the Environment. In: *Encyclopedia of Global Environmental Change*, Chichester: John Wiley & Sons, v. 5, pp. 332-339, 2002.

gia. Nesta tarefa se incluem o conhecimento e a manutenção dos recursos naturais, fontes de alimento e de energia.

- "Criamos todos os seres vivos a partir da água" (Sura 21,30). Esta afirmação é seriamente considerada pela teologia e teodiceia muçulmanas. Ganha relevo ainda maior nos contextos de escassez de recursos hídricos, incentivando a preservação de fontes e aquíferos, o combate à poluição e o uso sóbrio da água.

- "Se conhecêsseis a Ciência certa, logo renunciaríeis à ostentação" (Sura 102,5). O original árabe pode ser traduzido como "ostentação" ou "excesso", em contraste com a sobriedade e sustentabilidade. Os excessos ostentam a humana ilusão de senhorio, causando na verdade a dissolução dos bens, a má administração, a injustiça e a miséria. Já os comportamentos e práticas sustentáveis fazem parte da verdadeira Ciência.[16]

c) Seis âmbitos de sustentabilidade

- Social – assegurar o valor e o direito da diversidade, seja racial, seja ambiental (Sura 30,22). Prover emprego e sustento; prover o acesso justo aos serviços sociais e às reservas naturais (Sura 35,27-28).

- Cultural – promover transformações processuais, em respeito ao equilíbrio humano e natural. Educar-se para o conforme essencial e a sobriedade no uso dos bens, contra todo tipo de acúmulo (Suras 71,12 e 22; 89,20; 92,11 e 100,8).

- Ecológico – preservar o potencial do "capital natural"; evitar a dissipação; desenvolver tecnologias que beneficiam a renovação de recursos naturais (Sura 17,27).

- Ambiental – respeitar a capacidade auto-organizadora e autorregeneradora dos ecossistemas (Suras 56,31/68; 67,30; 77,27 e 88,17).

---

[16] Cf. HAMDY, Karim. *Islamic perspectives on natural resources management and sustainability*. Oregon State University, 2000. pp. 4-5. Disponível em: <http://www.oregonstate.edu>.

- Econômico – equilibrar os vários setores de produção e consumo; segurar a alimentação; fomentar a pesquisa (Suras 26,63; 27,63; 30,41; 31,31; 42,33).
- Político – adotar os princípios dos Direitos Humanos; incluir nas políticas públicas diferentes propósitos de investimento; promover justiça e coesão social (Suras 102,1; 104,2-3; 111,2).[17]

Referências bibliográficas

CORTÉS, Julio (Ed./Trad.); JOMIER, Jacques (Intr.); FUAD, I. (Sponsor). *El Corán*. Barcelona: Herder, 1999.

EL HAYEK, Samir (Trad./Com.). *Alcorão Sagrado*. São Paulo: Marsam Editora, 1994.

GNILKA, Joachim. *Bíblia e Alcorão*: o que os une; o que os separa. São Paulo: Loyola, 2006.

HAMDY, Karim. *Islamic perspectives on natural resources management and sustainability*. Oregon State University, 2000.

KHALID, Fazlun. Islam and the Environment. In: *Encyclopedia of Global Environmental Change*, Chichester: John Wiley & Sons, v. 5, pp. 332-339, 2002.

MANDEL, Gabriel (Trad.); ALLAM, Khaled F. (Intr.). *Il Corano*. Torino: UTET, 2008.

MISCHE, Patricia; MERKLING, Melissa (Org.). *Desafio para uma civilização global*: diálogo de culturas e religiões. Lisboa: Instituto Piaget, 2001.

NASR, Helmi (Trad.). *Nobre Alcorão*. Al-Madina: Liga Islâmica Mundial, s/d.

PEIRONE, Federico (Intr./Com.). *Il Corano*. Milano: Mondadori, 2003. v. 1-2.

---

[17] Ibid., p. 9.

Parte II
Valores

O que as religiões
oferecem para o saber
e o agir ecológicos?

1
Saber

As religiões nos oferecem *desenhos do mundo* a partir de emblemas milenares e suas contínuas reedições: águas primordiais, organização do caos, esferas celestes etc. Tais representações demonstram a busca de compreensão do cosmos e da natureza por parte do *homo religiosus*, em diferentes épocas e culturas. Daí a complexa literatura sacra, em que elementos míticos se mesclam com dados histórico-culturais, tecendo uma peculiar episteme da natureza: o conhecimento ou saber de caráter religioso, que "religa" o biológico e o espiritual, a matéria e a transcendência. Esta forma de as religiões representarem o mundo nos mostra há quantos séculos o ser humano vem observando seu meio vital, no esforço de habitá-lo e compreendê-lo. Nesta perspectiva, os desenhos do mundo aproximam religião e ciência em três pontos fundamentais para a ecologia:

a) Inteligibilidade: a convicção de que o universo é uma realidade inteligível, capaz de ser compreendida, ainda que parcial e progressivamente. Daqui provêm a classificação dos elementos naturais; a classificação das propriedades químicas e terapêuticas; a identificação dos astros e das constelações; a medição do tempo pelo ciclo lunar ou solar; a otimização das fontes e do solo; e o desenvolvimento de habilidades intelectivas e técnicas relacionadas à manutenção da vida. O conhecimento necessário para a sobrevivência foi cercado de ritualismo, porque reflete a sacralidade da vida que ele preserva.

b) Hermenêutica: a interpretação do mundo como exercício próprio da humanidade, em busca de sentido para sua trajetória na Terra. Daqui provêm as mitologias cosmogônicas (sobre o começo e o término do universo); a cultura dos quatro elementos (água-terra-fogo-ar) relacionados aos humores da alma; a veneração de astros e potências naturais; a concepção da Terra como mãe e provedora (Ceres, Gaia, Demeter); a intuição de um sentido transcendente para o universo e a humanidade.

c) Organicidade: a tentativa de ordenar os elementos da natureza, terrestres e siderais, ensaiando visões de conjunto que articulem o todo e as partes. Daqui provêm a compreensão do mundo como *árvore sefirótica* ou *corpo cósmico*; a concepção do corpo humano como microcosmo detalhadamente referido ao macrocosmo; a relação entre macrocosmo e microcosmo como princípio místico e terapêutico; a sacralidade dos elementos orgânicos e sua utilização ritual; as várias mitologias que associam terra e céu.

O primeiro ponto de toque entre religião e ciência se manifesta na busca de conhecimento (inteligibilidade). O segundo ponto se verifica no ser humano, afirmado como sujeito de saber e de sentido, seja nas religiões, seja nas ciências (hermenêutica). O terceiro ponto se manifesta nas diferentes epistemes – sagradas ou científicas – que procuram um princípio, uma ordem ou um sentido organizador para o universo (organicidade).

1.1 As religiões como episteme da natureza

Ao examinar os registros religiosos e científicos da compreensão humana do mundo, notamos que ambos constatam a imensidão do espaço, o curso do sol, o fascínio do fogo e a virtude das águas, relacionando as partes com o todo e mapeando o curso humano na Terra. Portanto, registros científicos e religiosos são distintos, mas não se anulam necessariamente:

- O Hinduísmo organizou o mundo em círculos concêntricos de terra, intercalados pela água, tendo ao centro o monte Meru (hoje identificado com o Himalaia). Ultrapassando os limites do planeta, podiam-se imaginar outras dimensões paralelas do universo, como ampolas flutuantes no espaço, cada uma contendo ar, solo e água. Se este desenho funcionava para a Terra, por que não pensá-lo além dos horizontes conhecidos?

- A corrente *bhakti* do Hinduísmo sintetiza os processos de aniquilação (Shiva) e regeneração (Vishnu) na figura do Krishna Universal: "Eu sou a meta, o sustentador, a testemunha, a morada, o refúgio e o amigo mais querido. Sou a criação e a aniquilação, a base de tudo, o lugar onde se descansa e a semente eterna" (Bhagavad-Gita 9,18). Krishna se oculta sob todas as formas de vida.

- O Budismo herdou parte da cosmovisão hinduísta e, depois, constatou a provisoriedade de tudo o que existe. A *impermanência* da matéria (animal, vegetal ou mineral) revela seu devir contínuo, no compasso da criação e da aniquilação, da geração e da degeneração. Indo além da forma e da coesão energética dos corpos, o Budismo admite uma realidade última, sem forma e sem fixidez corporal – modo sereno de existir, além dos limites do espaço e do tempo. Nesse aparente "nada" estaria a verdadeira realidade das coisas, sua essência informe e livre de pretensões. Em tal nível ontológico, todos os seres vivos se irmanam na sua singela vacuidade, conexos na totalidade do universo, porque não se separam mais pela forma ou pelo corpo.

- O Judaísmo expressou a organicidade do universo a partir da potência criadora da Palavra divina: ao nomear cada criatura, chamando-a à existência, Deus colocava ordem na criação, separando-a do caos. Por sua Palavra os astros seguem sua órbita; os mares se detêm à borda dos continentes; os peixes, répteis e pássaros ocupam seu hábitat; a terra produz as colheitas; o ser humano vive. A cada aurora, a Palavra eterna de Deus convoca as criaturas e a vida se perpetua. Tudo ordenadamente, longe do abismo caótico das águas primordiais (cf. Gn 1,2). Depois, num salto cultural formidável, o Judaísmo entreviu – por trás da arquitetura do mundo – um princípio eterno, sutil, penetrante e engenhoso: a Sabedoria (*Hokmá*). Emanada do próprio Deus, foi ela que presidiu a criação do mundo na qualidade de mestre de obras. Ela conhece a composição, a medida, o percurso e o fim de todos os elementos. Tudo o que existe, reside nela e por ela subsiste.

- Trilhando outra via especulativa, a Cabala desenhou o mundo como "árvore cósmica" formada pelos dez nomes excelentes de Deus: coroa, sabedoria, inteligência, misericórdia, julgamento, beleza, eternidade, majestade, fundamento e reinado. Esses nomes são, ao mesmo tempo, atributos de Deus e qualidades expandidas por ele no mundo. Logo, Criador e criatura se refletem mutuamente: quanto mais vemos o mundo refletido em Deus, mais percebemos Deus refletido no mundo.

- O Candomblé, por sua vez, representou o mundo através das forças da natureza (perspectiva presente também na Umbanda). Cada orixá é, a seu modo, um emblema da vida em sua diversidade: águas, raios, minérios, florestas, ventos, seivas e raízes, fogo e forja. A casa dos orixás – com seus encontros e desencontros – é imagem mítica dos elementos da natureza e da tensão que os afasta e integra continuamente. Como princípio de coesão, está o *axé* – energia vital que reside em tudo, que circula em tudo.

- No Cristianismo, os elementos telúricos, celestes e abissais da criação encontram-se no Cristo cósmico, formando um Corpo encabeçado pelo Logos divino (cf. Cl 1,15-20). Afinal, Jesus é professado como encarnação histórica do Logos criador e reconciliador de todas as coisas que há "nos céus, na terra e sob a terra" (Fl 2,10). É, sobretudo, o apóstolo Paulo quem nos transmite essa noção cósmica e trans-histórica do Corpo de Cristo, acenando para o "ponto ômega" no qual tudo converge.

- O Islã retoma a narração bíblica e organiza o mundo a partir da Palavra divina, inscrita nas criaturas. Os astros e as constelações, a terra e suas colheitas, os animais e a diversidade de povos são sinais (*ayat*) da Sabedoria do Criador. Há um profundo vínculo entre o mundo visível e o mistério invisível de *Allah* – pois ele revela seus atributos em analogia com o vigor e a beleza da criação (cf. Alcorão: Sura 30,27).

1.2 Diálogo com as ciências e a ecologia

Como dissemos, as religiões traçaram seu desenho do mundo em resposta aos três pontos já assinalados: inteligibilidade do universo; interpretação e conhecimento humano; organicidade da natureza. A partir daí, distinguimos quatro componentes da cosmovisão religiosa que dialogam com as Ciências da Natureza e com a Ecologia, particularmente:

- *Inteligibilidade* – desde os antigos filósofos gregos, preocupados em decifrar a natureza das coisas (*physis*), a Ciência buscou compreender o mundo nas suas múltiplas manifestações. Do aprimoramento epistemológico surgiram novas análises e novas sínteses, levando as ciências a se classificarem de modo especializado. Hoje, várias abordagens aproximam as especializações para compor um saber holístico. Portanto, religiões e ciências se aproximam ao admitir a possibilidade de conhecer o mundo, compondo, porém, saberes próprios (epistemes).

- *Hermenêutica* – cada desenho de mundo proposto pelas religiões é, na verdade, uma interpretação da realidade conhecida. As religiões utilizam narrativas cosmogônicas, identificam centros do mundo, organizam o caos e distinguem os elementos (água--terra-ar-fogo-éter), na tentativa de ordenar e interpretar o mundo. Ao lado de rudimentos técnicos adquiridos, surgem elementos simbólicos que indicam que o *homo religiosus* – à medida que se situa no mundo – busca interpretar e descrever sua ambiência vital. É nessa ambiência que o sujeito se abre à sacralidade, descobre a transcendência e cria ritos que expressam memória (relação com o passado) e sentido (relação com o devir).

- *Organicidade* – antes da cosmologia moderna e da teoria de Gaia,[1] as religiões ensaiaram a seu modo um esboço holístico do mundo, na dialética entre imanência e transcendência, tempo e eternidade. *Esferas, labirintos, árvore sefirótica* e concepção do corpo como *microcosmo* foram as primeiras expressões de

---

[1] LOVELOCK, James. *A vingança de Gaia*. São Paulo: Editora Intrínseca, 2006. Também: *Gaia*: cura para um planeta doente. São Paulo: Cultrix, 2006.

uma percepção orgânica da natureza. É admirável o quanto as religiões enfrentaram o caos, a fragmentação e a finitude, afirmando a ordem, a regeneração e a transcendência. Não só em termos nocionais, mas sensoriais, experimentadas no devir das estações, no ciclo lunar, na passagem da infância à vida adulta, nas refeições ao fim das colheitas – elementos ao mesmo tempo ecológicos e litúrgicos.

- Coesão – estruturada como organismo de muitas partes, a natureza é múltipla e coesa ao mesmo tempo. Algo semelhante se observa no cosmos: os astros, cometas e constelações se expandem pelo espaço sideral mantendo-se numa cadeia energética e causal que os relaciona entre si. No sistema solar e nos ecossistemas conhecidos, há vínculos que ligam partículas e corpos. Trata-se de uma coesão dinâmica e plural (e não monolítica ou estática). As religiões constataram esse fenômeno cósmico e natural, percebendo forças de coesão visíveis e invisíveis. Para os hinduístas, o princípio de coesão é Brahman, sustentador de todos os seres. O Oriente elaborou também a noção do *Tao*: "Indiferenciado, porém completo; sem forma e sem nome; fonte de todas as coisas; uno com o movimento e as mudanças na natureza".[2] Para o Judaísmo, quem sustenta o universo é a potência criadora de Deus, expressa como Sabedoria (*hokmá*) ou Verbo (*dabar*). A religião dos orixás acredita que uma energia primordial (*axé*) acompanhe a expansão da vida nas diversas direções (*obá*), como força que atravessa e une todas as coisas. Para os cristãos, a força dinamizadora e vinculativa do mundo é o Espírito Divino, chamado justamente de *dynamis* (energia motriz) e *pneuma* (sopro vital). Notemos, ainda, que no Judaísmo e no Islã as letras do texto sagrado têm valor numérico, possibilitando uma versão matemática (e não só metafísica) do universo.

***

Esses quatro componentes da cosmovisão religiosa nos abrem vias de contato direto com a Física Atômica, a Física Quântica, a

---

[2] OLDSTONE-MOORE, Jennifer. *Conhecendo o taoísmo*. Petrópolis: Vozes, 2010. p. 22.

Astronomia, a Cosmologia, a Biologia, a Geografia e a Matemática Pura, além da própria Ecologia que, de seu lado, recebe a contribuição de todas essas ciências.³ Para ilustrar essas possibilidades, indicamos algumas aproximações entre a cosmovisão religiosa e as ciências:

- Quando as religiões propõem um substrato de suporte ou constituição para o todo universal (*Brahman, Tao, Verbo, Pneuma, axé*), aproximam-se da concepção quântica da realidade e da noção de uma presença universal da *energia*, materialmente manifesta ou não.

- Quando as religiões falam de *recapitulação* do cosmos, de um lado, e *expansão*, de outro – indicando um *ponto alfa* (genético, inicial) e um *ponto ômega* (teleológico, final) –, aproximam-se das teses científicas que supõem a contínua expansão do universo a partir de um impulso original.

- Quando as religiões explicam o mundo em termos de unidade e dinamicidade, aproximam-se da concepção do mundo como *processo* ou *devir*, com novas questões metafísicas (o universo e Deus seriam coeternos?) e matemáticas (é possível projetar uma expansão do cosmos ao infinito?).

- Quando as narrativas cosmogônicas dizem que a potência divina criou o mundo *ex nihilo* ("a partir do nada"), aproximam-se da "energia zero" das equações que descrevem a evolução do cosmos, calculadas a partir da gravidade.⁴

- Quando as religiões admitem a possibilidade de outras "camadas" de tempo/espaço – concêntricas ou superiores (Budismo), descendentes ou paralelas (Cabala) –, aproximam-se da visão cosmológica de que o universo seria resultado de uma flutuação

---

³ Sobre o diálogo entre Ciências Naturais e religião, com foco da Teologia Bíblica da criação, indicamos KÜNG, Hans. *O princípio de todas as coisas*. 2. ed. Petrópolis: Vozes, 2009; MALDAMÉ, Jean-Michel. *Cristo para o universo*. São Paulo: Paulinas, 2005.

⁴ "Usamos as propriedades atrativas da gravidade para mostrar que o cosmos é uma solução com energia zero (o nada de onde tudo vem) das equações que descrevem sua evolução" (GLEISER, Marcelo. Hawking e Deus: relação íntima. *Folha de S. Paulo*, São Paulo, 12 set. 2010. Caderno Ciência, p. A-23).

de energia nula a partir de uma entidade ainda maior, que contém vários universos (o multiverso).

***

Esses pontos de contato nos incentivam a aprimorar o diálogo entre religiões e ciências, com foco na agenda ecológica que compromete a todos os habitantes da Terra, crentes e não crentes.

Referências bibliográficas

GLEISER, Marcelo. Hawking e Deus: relação íntima. *Folha de S. Paulo*, São Paulo, 12 set. 2010. Caderno Ciência, p. A-23.

HAUGHT, John. *Cristianismo e ciência*: para uma teologia da natureza. São Paulo: Paulinas, 2009.

KÜNG, Hans. *O princípio de todas as coisas*. 2. ed. Petrópolis: Vozes, 2009.

LOVELOCK, James. *A vingança de Gaia*. São Paulo: Editora Intrínseca, 2006.

_____. *Gaia*: cura para um planeta doente. São Paulo: Cultrix, 2006.

MALDAMÉ, Jean-Michel. *Cristo para o universo*. São Paulo: Paulinas, 2005.

OLDSTONE-MOORE, Jennifer. *Conhecendo o taoísmo*. Petrópolis: Vozes, 2010.

RIES, Julien (Coord.). *Tratado de antropología de lo sagrado*. Madrid: Trotta, 1995. v. 1-3.

SOTER. *Sustentabilidade da vida e espiritualidade*. São Paulo: Paulinas, 2008.

2
Profundidade

"E Deus disse: faça-se a luz" (Gn 1,3). E além da luz estava a irradiação. Além da irradiação estavam as ondas eletromagnéticas. Além das ondas, estava o quasar. Além do quasar estava a energia. Além da energia estava a gravidade. Além da gravidade estava o buraco negro. E além do buraco negro, o que haveria? Uma outra dimensão? O vazio?

2.1 Além do observável

O que conhecemos sobre o universo nos leva a outra indagação, como se o horizonte do ignoto nos antecipasse, descortinando vislumbres inéditos da realidade percebida. Que segredos o universo reserva sobre nós e sobre si mesmo, além do observável? Que narrativa se oculta na disposição de suas leis e de seus elementos? Seria a narrativa do acaso sem nenhum propósito? Ou a narrativa de uma harmonia de coordenadas inteligentes? Seja como for, no universo há algo invisível além do visível, como a energia que atravessa a matéria, a gravidade que regula as órbitas ou as antigas galáxias escondidas em sua distante e intensa luminosidade. A Física, a Astronomia e a Biogenética convivem com esse horizonte ignoto e indagam continuamente sobre suas conquistas, revisando os padrões estabelecidos e admitindo o "não saber" como espaço para um "outro saber". O ignoto não é limite estático, mas horizonte móvel que se expande ante nossos olhos à medida que o próprio universo se expande, alargando as fronteiras mapeadas pela nossa observação.

Esse horizonte expandido, que desafia seguidamente o já conhecido com um novo descortinar do ignoto, as religiões chamam de *mistério*. Ele marcha à frente da nossa observação, mas também atravessa o percurso de tudo o que já conseguimos perceber e interpretar:

> Olha-se e não se vê: chama-se invisível.
> Escuta-se e não se ouve: chama-se inaudível.
> Toca-se e não se sente: chama-se impalpável.
> Estas três coisas não se podem indagar.
>
> Por isso, mescladas, formam juntas uma só coisa.
> No alto não é claro,
> Abaixo não é escuro.
> É inesgotável e não pode ser nomeado.
> Remonta-se ao não ser das coisas.
>
> Chama-se forma sem forma; figura sem figura.
> Não se pode compreender: é mistério.
> Quem o encara, não vê seu rosto.
> Quem o segue, não vê suas costas.

Estas linhas do *Tao-Te-Ching* foram escritas, aproximadamente, há quatrocentos anos antes de Cristo.[1] Entretanto, parecem anotações de algum astrônomo ao observar um buraco negro; ou impressões de um físico sobre a lente gravitacional de um quasar, capaz de alterar as ondulações da luz.

2.2 O mistério como profundidade

Quando aproximamos as recentes descobertas da Astronomia e da Física Quântica à cosmovisão emblemática das religiões, vemos que as narrativas míticas não são simplesmente imaginativas ou ingênuas. São, na verdade, o registro – cultural e historicamente situado – de uma percepção do universo que, ao lado de tudo o que se pode conhecer, admite que também o invisível e o inominável façam parte da realidade. Assim, as religiões manifestam um olhar

---

[1] *Tao-Te-Ching*: Capítulo IV, 1.5.3.

investigativo que não se reduz ao empírico e ao mensurável, pois elas se referem ao universo com duas atitudes fundamentais: primeiramente, as religiões admitem o *ignoto*; em segundo lugar, elas lhe atribuem *profundidade*.

As religiões assumem o ignoto (causador de desconcerto, pois expõe a ignorância humana a respeito do universo e do segredo da vida) e o reintegram numa episteme que une *scientia* (conhecimento) e *contemplatio* (contemplação).

Certa vez Teilhard de Chardin, paleontólogo e teórico da evolução, disse que no seu labor científico já não conseguia separar pesquisa e adoração. Longe de ser mero devaneio ou perda de foco investigativo, ele falava de uma visão mais penetrante da realidade, capaz de perceber o trajeto da energia psíquica na história das espécies, até quase tocar o que descreveu como "o coração da matéria" (*le coeur de la matière*) e "o dentro" de todas as coisas (*le dedans*).[2]

A Cabala hebraica, por sua vez, acena à profundidade do universo em dois movimentos: retorno à origem, que é a profundidade *ad infinitum*; e centramento interior, que é a profundidade *ad intra*. Assim, o universo conhecido não representa todo o real, pois Deus – que habita o *Ein-Sof* (Infinito) – teria criado outros mundos acima e antes do nosso. Nesta ótica, a profundidade de todas as coisas se revela à medida que as coisas mesmas se remetem ao "Infinito antecedente" como sua origem mais secreta. Esse Infinito é o Pensamento divino, em que todas as formas criaturais convivem, antes de seu aparecimento no espaço/tempo:

> Após ter criado vários mundos, o Eterno deu lugar em seu Pensamento à criação deste, em que nós vivemos. E quando esta última criação estava a ponto de ser cumprida, todas as coisas deste mundo, todas as criaturas do universo e tudo o que havia de ter vida e existir aqui embaixo passaram diante de Deus em suas formas atuais. Pois o que foi outrora também será no futuro; e o que será, já foi (*Zohar*: Idra Rabba).[3]

---

[2] Cf. TEILHARD DE CHARDIN, Pierre. A potência espiritual da matéria. In: *Hino do universo*. São Paulo: Paulus, 1994. pp. 61-74.

[3] Apud BENSION, Ariel. *O Zohar*: o livro do esplendor. São Paulo: Polar, 2006. p. 107.

Já pelo movimento de centramento, a profundidade da Criação está em sua intimidade habitada pela *Shekiná* – a Presença divina em exílio no mundo:

> Quando Deus criou o mundo, ele pôs as águas do oceano ao redor da terra. E, no coração do mundo habitado, Deus pôs Jerusalém. E no coração de Jerusalém, a montanha santa de Sion. A montanha santa abriga o Sanedrin [conselho supremo], no coração do qual está o Templo. E no coração do Templo está o Santo dos Santos, onde repousa a *Shekiná*. E ela é o coração do mundo (*Zohar*: Idra Rabba).[4]

Numa outra perspectiva, o Hinduísmo ensina que a realidade subsiste graças a Brahman: potência cósmica que sustenta todas as manifestações animadas e inanimadas, da luz aos corpos, das ondas eletromagnéticas à matéria sólida. Brahman é a inteligência ordenadora do mundo, impessoal e onipresente, coesa e fluente ao mesmo tempo.[5] Todas as criaturas possuem uma porção interior de Brahman, que as habita secretamente: é o *atman* (sopro ou energia vital). Brahman espalha o *atman* em cada partícula da constituição cósmica, como irradiação de si mesmo nas coisas. Portanto, na profundidade do universo – em sua totalidade ou em cada parte que o constitui – se encontra o *atman*, forma latente do Brahman universal.

Já o Candomblé traduz *profundidade* em *sabedoria* ao ensinar que a vida se perpetua com equilíbrio quando respeitamos a *autonomia elemental* das forças da natureza. Terra, águas, ventos e fogo se combinam a partir de sua capacidade auto-organizadora, otimizando as virtudes intrínsecas a cada elemento. A autonomia elemental das forças naturais é representada pelos orixás: fogo = Xangô; terra = Obaluaiê; águas = Oxum e Iemanjá; ventos e tempestades = Iansã; ar = Oxalá. Uma vez conhecidos e respeitados, permitem que a humanidade siga seu caminho de contínuos e descontínuos com criatividade e arbítrio, sem perder o sentido da felicidade. De seu lado, os orixás certamente cumprirão sua tarefa no intrincado arranjo da vida. Além disso, a associação de habilida-

---

[4] Ibid., p. 112.
[5] No Hinduísmo, quando se fala da potência divina em si mesma, diz-se Brahma. Quando se fala de sua totalidade cósmica, abarcadora de toda a realidade, diz-se Brahman.

des específicas a esses elementos – como o conhecimento curativo das plantas (Ossaim) e a forja dos metais (Ogum) – ensina que é possível desenvolver tecnologias a partir da natureza ou além da natureza, mas não contra ela.

Outra intuição nos vem do Cristianismo: na intimidade de todas as coisas, visíveis e invisíveis, reside o Verbo, a Palavra criadora e sustentadora do universo. Esta Palavra se distingue do *lógos* grego, pois se enraíza no conceito bíblico de *dabar* – a Palavra eficaz que o Criador profere sobre o mundo, com a força de seu Sopro (*Ruah/ Pneuma*). Enquanto o *lógos* grego é discurso e intelecção, o *dabar* hebraico é eficácia e suporte ontológico:

No princípio era o Verbo
e o Verbo estava com Deus
e o Verbo era Deus.
No princípio, ele estava com Deus.
Tudo foi feito por meio dele
e sem ele nada foi feito (Jo 1,1-3).

[...] Nele foram criadas todas as coisas,
nos céus e na terra,
as visíveis e as invisíveis.
[...] Ele é antes de tudo e tudo nele subsiste (Cl 1,16-17).

O Verbo sustenta o universo, agindo em sintonia com o Sopro Divino que tudo penetra: "O Espírito do Senhor (*Ruah*) enche o universo e mantém coesas todas as coisas; nenhum murmúrio lhe escapa" (Sb 1,7). Juntos, Verbo e Sopro, conferem profundidade ao conjunto das criaturas, dentre as quais a pessoa humana *imago Dei* (imagem e semelhança de Deus). Isto faz do universo uma *inscrição* do próprio Deus: nas criaturas visíveis e invisíveis ele se diz, letra por letra, atributo por atributo. Somos convidados pelo próprio Criador a ler seu nome inscrito na profundidade do espaço, do tempo, dos corpos, dos elementos, das substâncias, da matéria e das energias. A fé no Deus Criador permite que o fiel cristão passe das coisas visíveis àquelas invisíveis através da analogia. Tudo se inscreve na Palavra original; bem como a Palavra original se inscreve em tudo: essa "analogia" permite um conhecimento teologal do mundo e da humanidade, para além da "empiria". É a inteligência exercida com fé, e a fé exercida com inteligência (*fides et ratio*).

Também o Islã professa a noção de Palavra divina como potência criadora e operante: "Deus cria o que quer. Quando decreta alguma coisa, diz apenas *seja*, e ela é" (Alcorão: Sura 3,47). Deus, sendo Uno em grau absoluto, cria o mundo com a mesma unidade que o caracteriza. Disto se depreende o caráter semiótico da criação: a diversidade dos astros, corpos, vegetais e minerais constituem "sinais" (*ayat*) da sabedoria e unidade de Deus. Essa sabedoria (*hikma*) e unidade (*tawhid*) são atributos do Criador que se refletem no universo. Por isso, a ciência é convidada a perscrutar a realidade evidente e não evidente, na busca dos vestígios da sabedoria e unidade divinas – desde a totalidade ignota (os céus superiores inacessíveis ao ser humano) até cada partícula alcançada pela pesquisa: os astros, a luz e os organismos, com suas substâncias, células e átomos. "Nisto tudo há sinais para os que sabem discernir" (Alcorão: Sura 30,22).

***

Em tempos de crise ambiental – quando buscamos rever nosso lugar no planeta, na tentativa de educar ao cuidado ecológico a partir de motivações profundas – não podemos dispensar as religiões de sua contribuição: todos os saberes e âmbitos de responsabilidade humana são interpelados à cooperação interdisciplinar, internacional e inter-religiosa, em benefício da vida humana e planetária.

Nesse sentido, as religiões oferecem uma perspectiva de *profundidade* à percepção cultural, política e científica do mundo, com efeitos potencialmente benéficos: aproximação da Física e da Metafísica numa visão holística do mundo; integração do ignoto numa epistemologia que vai além da racionalidade instrumental; interação dos acervos técnicos e simbólicos educadores da humanidade; contribuição das religiões para uma ética planetária.

Desse modo, o invisível e o ignoto, mais que nos reter na ignorância, nos despertam para *epistemologia complexa* de estatuto dinâmico e interdisciplinar, atenta à ética e promotora do conhecimento integral. Não são esses os componentes de uma efetiva Ecologia de Profundidade?

Referências bibliográficas

BENSION, Ariel. *O Zohar*: o livro do esplendor. São Paulo: Polar, 2006.
HAUGHT, John. *Cristianismo e ciência*: para uma teologia da natureza. São Paulo: Paulinas, 2009.
MAÇANEIRO, Marcial. *O labirinto sagrado*. São Paulo: Paulus, 2010.
PENA-VEGA, Alfredo. *O despertar ecológico*. Rio de Janeiro: Garamond, 2005.
RIES, Julien (Coord.). *Tratado de antropología de lo sagrado*. Madrid: Editorial Trotta, 1995. v. 1-3.
SOTER. *Sustentabilidade da vida e espiritualidade*. São Paulo: Paulinas, 2008.
TEILHARD DE CHARDIN, Pierre. A potência espiritual da matéria. In: *Hino do universo*. São Paulo: Paulus, 1994.
TERRIN, Aldo Natale. *Introdução ao estudo comparado das religiões*. São Paulo: Paulinas, 2003.

3
Reconhecimento

Além de conhecer e interpretar o mundo, as religiões o celebram como epifania da vida e obra da divindade:

Aleluia: louvai a Deus!
Louvai a Deus nos céus, louvai-o nas alturas.
Louvai-o, vós todos os seus mensageiros.
Louvai-o, vós todos os seus exércitos.
Louvai-o, sol e lua.
Louvai-o, vós todas, estrelas fulgurantes.
Louvai-o, céus dos céus e águas acima dos céus inferiores.
Louvai a Deus na terra, ó monstros de todos os abismos.
Fogo e granizo, neve e neblina, turbilhões que ouvis sua Palavra, montes e colinas, árvores frutíferas e todos os cedros, feras e animais, répteis e pássaros.
Pois sublime é seu Nome.
Ele é o Único,
infinito em majestade,
acima da terra e dos céus! (*Zohar*).[1]

3.1 Fascínio e tremor

É no cenário da natureza que o *homo religiosus* intui as noções de infinito (pela imensidão celeste), de devir (através do ciclo solar e lunar), de renovação (no giro das estações e das colheitas), de potência (na força dos trovões e tempestades), de encanto (na sutileza do fogo) e de transcendência (no brilho longínquo das estrelas e no alto das montanhas). Essas vivências constituem "experiências originá-

---

[1] Aqui o *Zohar* cita o Salmo 148, que é um "louvor cósmico" a Adonai.

rias" e marcam a cultura de muitos povos. São vivências primordiais e estéticas, registradas nas mitologias e emblemas sagrados. A partir daí, mitos e ritos foram se consolidando de época em época: a hermenêutica religiosa se aprimorou e novas gerações foram introduzidas, ritualmente, no mistério da vida.[2]

Infinitude, devir, renovação, potência, encanto e transcendência serão impressos na psique profunda, desenhando arquétipos universais. Os objetos e lugares em que tais experiências foram vividas são demarcados como "espaço sagrado" (*locus sacer*).[3] Fontes, rochedos, montanhas, arco-íris, constelações e subterrâneos se transformam em acesso para o Divino, trazendo a eternidade para dentro do tempo e o infinito para dentro do finito. São janelas de transcendência que se abrem, nos céus e na terra. Esses lugares irradiam poder e inspiram reverência, porque são "casa da divindade e portal celeste" (Gn 28,17).

Desse modo, fascínio da natureza e sentimento de sacralidade dão-se as mãos no trajeto cultural dos povos. Não há percepção do Sagrado que não esteja inserida nas coordenadas da natureza, como ambiência objetiva para a inscrição subjetiva do Divino no coração humano. Assim, as cosmogonias míticas – com suas seguidas reedições – são testemunhas inequívocas da relação da humanidade com a natureza. Relação consciente, sensível, interpretativa. Deuses se apresentarão como sol, lua, árvores e fogo. Divindades habitarão os céus superiores, as tempestades, os mares e as profundezas do solo. Abismos celestes e terrestres vão se comunicar na psique contemplativa do *homo religiosus*.

Nas experiências originárias do Sagrado, com todo o seu fascínio, a humanidade provará também o realismo de sua condição terrena: limitação diante da infinitude; rupturas diante do devir; enfermidade diante da renovação; fraqueza diante da potência; temor diante do encanto; morte diante da transcendência. Desse modo, fascínio e tremor se cruzam na experiência do Sagrado. As narrati-

---

[2] Cf. CROATTO, José S. *As linguagens da experiência religiosa*. São Paulo: Paulinas, 2001.
[3] Sobre hierofania e espaço sagrado, cf. MAÇANEIRO, Marcial. *O labirinto sagrado*. São Paulo: Paulus, 2010.

vas religiosas atestam uma *relação* do homem com a natureza que – ao lado dos aspectos funcionais e de sobrevivência – vem acompanhada pelo fascínio e respeito:

Dono do mundo diante dos deuses,
Senhor de altíssima casa na corte do céu.
Arrasador que fere à direita.
Arrasador que fere à esquerda (Hino a Ogum).

Que o céu se alegre! Que a terra exulte!
Estronde o mar e tudo o que ele contém!
Que o campo exulte, e o que nele existe!
As árvores da selva gritem de alegria,
diante de Adonai – pois Ele vem! (Salmo 96[95],11-13)

Disse o Senhor Krishna:
Eu forneço calor e retenho a chuva.
Sou a imortalidade e a morte personificada.
Tanto o espírito quanto a matéria estão em mim (Bhagavad-Gita 9,19).

Foi *Allah* quem criou sete firmamentos e outro tanto de terras;
e seus desígnios se cumprem, nos céus e na terra,
para que saibais que Deus é onipotente:
Ele tudo abrange com sua onisciência (Alcorão: Sura 65,12).

Entretanto, vivemos circundados de produtos industriais. Nossa relação com a natureza é, ordinariamente, mediada pela tecnologia. Arriscamos perder as coordenadas da natureza habituais ao *homo religiosus*. A poluição ofuscou nossa contemplação do céu e quase não enxergamos mais estrelas sobre nossas metrópoles. A água, turva e contaminada, não cintila sua simplicidade aos nossos olhos. Aos poucos, nos desvinculamos da natureza, insensíveis à sua beleza (*fascinans*) e desatentos à sua sacralidade (*tremendum*).[4]

Cientes disso, procuramos remediar tal situação através da educação, da conversão de hábitos, da informação e da valorização de tudo o que seja orgânico, saudável, artesanal. Falamos em "reencantar a natureza" no sentido de restabelecer nosso vínculo, fascínio e respeito pela Terra. Nesse sentido, as religiões podem contribuir

---

[4] Cf. OTTO, Rudolf. *O sagrado*. São Leopoldo: Sinodal; Petrópolis: Vozes, 2007.

pedagogicamente com a ecologia, reeducando-nos ao vínculo com a natureza, ao fascínio pelo universo e à sacralidade da vida.

3.2 Dádiva

Com seu olhar de sacralidade sobre o meio vital, as religiões vão além do horizonte físico e técnico. Ritos e escritos falam dos benefícios da natureza como dons do Criador. Ao fascínio e tremor, o fiel acrescenta o reconhecimento da dádiva:

Aquele que dá o sopro e o vigor, a cujas instruções todos se conformam, inclusive os deuses; aquele de quem morte e não morte são apenas uma sombra: qual é esse deus para que o sirvamos com nossa oblação?

Aquele que firmou o céu robusto e a terra, que fixou o sol e a abóbada celeste, que mede o espaço na atmosfera: qual é esse deus para que o sirvamos com nossa oblação?

Aquele que por seu poder abrangeu com o olhar as águas, portadoras de energia, geradoras do sacrifício; aquele que foi deus único entre os deuses: qual é esse deus para que o sirvamos com nossa oblação? (Rigveda X,121).

Bendito sejas tu, Senhor nosso Deus, rei do universo,
Criador do fruto da vinha.
Bendito sejas tu, Senhor nosso Deus, rei do universo,
Criador dos frutos da terra (Hagadá de Pêssah).

Acaso não dispusemos a Terra como um leito e as montanhas, como estacas de uma tenda? E vos criamos todos em casais. E fizemos do vosso sono um repouso. Criamos a noite como um manto; e o dia, como tempo propício para a vida. E estabelecemos, por cima de vós, os sete firmamentos; e neles pusemos uma luz resplandecente. Enviamos das nuvens a chuva copiosa, para produzir, por meio dela, os cereais, as plantas e frondosos jardins (Alcorão: Sura 78,1-16).

Seguindo o ciclo lunar e solar, as religiões medem o tempo para estabelecer marcos cultuais: ritos de plantio e fecundidade; festa das colheitas; oblação das primícias; ceias sagradas com vinho e pão, leite e mel. Também as tecnologias e habilidades – como a agricultura, a pecuária, a forja, a olaria, a caça, a tecelagem, a navegação, o cálculo e a escrita – são referidas à divindade. Há deuses associados a cada uma dessas atividades, os quais manifestam poder e bondade ao ensinar aos humanos os seus segredos. No *Livro da Sabedoria*, o autor declara:

> Em seu poder, o Eterno mantém a nós e a nossas palavras, todo saber e toda ciência das técnicas.
> Foi ele quem me deu o conhecimento exato do real.
> Ensinou-me a estrutura do universo e a atividade dos elementos, o começo, o fim e o meio dos tempos,
> as alternâncias dos solstícios e as mudanças das estações,
> os ciclos do ano e a posição dos astros,
> a natureza dos animais e a fúria das feras,
> o poder dos espíritos, os pensamentos dos humanos,
> a variedade das plantas e a virtude das raízes (Sb 7,16-20).

Cheio de reconhecimento, o *homo religiosus* segue a lógica da dádiva. As habilidades agropecuárias, artesanais e terapêuticas são exercidas com reverência e louvor à divindade. Ainda hoje, após o avanço da industrialização, a lógica da dádiva perdura nos ritos, na linguagem e na espiritualidade das religiões como paradigma consolidado. O reconhecimento do dom divino faz perceber a pequenez humana e inspira pedidos que são, ao mesmo tempo, expressões de gratidão:

> Aquele que é conhecimento e consciência e vontade,
> luz imortal nas criaturas, sem o qual nenhum trabalho se realiza,
> o Pensamento: seja-me propício o que ele concebe! (Yajurveda)

> A terra produziu o seu fruto:
> Deus, o nosso Deus, nos abençoa!
> Que Deus nos abençoe
> e todos os confins da terra o temerão! (Salmo 67,7-8)

> Recebei, ó Pai, estas oferendas,
> como recebestes a oferta de Abel,
> o sacrifício de Abraão
> e os dons de Melquisedek (Cânon Romano).

A lógica da dádiva preserva cinco valores básicos para a cultura ecológica e a educação ambiental:

- *Medida da condição humana* – acolher o dom recebido (de Deus, da natureza ou do próximo) é despertar da ilusão de autossuficiência; é superar o egoísmo coletivo da espécie humana e o domínio unilateral da natureza; é reconhecer nosso justo lugar na Terra. Pois a nossa condição de seres intelectivo-emocionais – dotados de percepção simbólica e invenção técnica – não nos coloca *fora* ou *contra* a natureza, mas nos permite uma inserção ainda mais profunda e integrada na teia vital, em que tudo se conecta.

- *Consciência do limite* – a exploração irresponsável dos recursos naturais e sua mercantilização prejudicaram os fins legítimos do desenvolvimento integral, além de ofuscar nossa percepção do "limite". A Terra parecia provedora inesgotável de água, alimento, oxigênio e energia. Seguir a lógica da dádiva é admitir o limite do planeta e agir como humanidade que nada possui, mas muito transforma, porque tudo recebe da Terra.

- *Gratidão* – a ação de graças e o louvor pelos dons recebidos, transformados e repartidos é valor habitual nas religiões. Mas seu significado ultrapassa a identidade religiosa, pois a gratidão é uma virtude humana universal. As religiões nos sugerem a cultivar a capacidade de reconhecimento, de memória da dádiva, de louvor pela vida recebida e doada. A gratidão é, portanto, uma virtude relacional, vinculativa, conectiva: educa para a relação, para a reciprocidade (ainda que assimétrica) entre Deus e a humanidade; entre a humanidade e a Terra.

- *Responsabilidade* – todos nós que habitamos a Terra somos responsáveis pela dádiva recebida. Florestas, ar, solo fértil, energia, grãos, fármacos, clima, minerais e energia "respondem" pela nossa sobrevivência; e nós também devemos "responder" pelo usufruto desses bens em nível pessoal, industrial e governamental. Assim funciona o "nó vital" da responsabilidade e da corresponsabilidade. Quem mede com justeza sua condição humana, ciente do limite da natureza e grato pelo que recebe, é sujeito responsável.

- *Justiça* – os bens da natureza se destinam a toda a humanidade, sem distinção de etnia, crença ou classe social, porque são dádivas do Criador. Portanto, a água, o ar, as sementes, o solo e seus frutos, os fármacos e a identidade genética devem ser considerados como *direito humano* e *bem comum*. Embora tenham valor monetário, jamais se reduzem à mera mercadoria. Sua gestão (pública ou privada) deve orientar-se pela ética universal do bem comum, e o acesso de todos a esses bens é um imperativo da justiça. Esse reconhecimento dos recursos vitais como *direito* originou a noção de "justiça ambiental": de um lado, temos o direito de acesso aos bens vitais disponíveis na natureza; de outro, temos o dever de beneficiar sua preservação, manutenção e renovação.[5]

***

Esclarecemos, enfim, que considerar a lógica da dádiva um "paradigma consolidado" no patrimônio das religiões não significa que ela seja transmitida e assimilada automaticamente. Dizemos "consolidado" no sentido de um tesouro adquirido e bem guardado, mas que necessita ser acessado e apreendido a cada geração. A lógica da dádiva não é tesouro que se abre improvisamente, mas sim com a chave da "iniciação" (no dizer religioso) ou da "educação" (no dizer antropológico). Nela verificamos o potencial pedagógico das religiões para reeducar nossa relação com a Terra e a vida em geral: reconhecimento, ação de graças e responsabilidade pelo dom recebido são virtudes educadoras.

Referências bibliográficas

CROATTO, José Severino. *As linguagens da experiência religiosa*. São Paulo: Paulinas, 2001.

ELIADE, Mircea. *Tratado de história das religiões*. Lisboa: Cosmos; Santos: Martins Fontes, 1977.

MAÇANEIRO, Marcial. *O labirinto sagrado*. São Paulo: Paulus, 2010.

---

[5] A "justiça ambiental" tem seus fundamentos na ecologia, enquanto paradigma e gestão adequada dos recursos naturais. Assim, a ecologia deverá reordenar as leis vigentes, originando o Direito Ambiental.

OTTO, Rudolf. *O Sagrado*. São Leopoldo: Sinodal; Petrópolis: Vozes, 2007.

RIES, Julien (Coord.). *Tratado de antropología de lo sagrado*. Madrid: Editorial Trotta, 1995. v. 1-3.

SOTER. *Sustentabilidade da vida e espiritualidade*. São Paulo: Paulinas, 2008.

SPAREMBERGER, Raquel F. L.; PAVIANI, Jayme (Org.). *Direito ambiental*: um olhar para a cidadania e sustentabilidade planetária. Caixas do Sul: Educs, 2006.

4
Virtudes

A relação da humanidade com a natureza é um processo de aprendizado e aprimoramento milenar, como vimos. Inclui a observação do céu, a percepção da dádiva, a consciência do limite e o amor à Terra. O respeito pela vida – que se manifesta repleta de mistério – se expressa nos ritos de semeadura e colheita, de ação de graças e adoração. Para as religiões, o cosmos e a natureza são o *jardim* onde Deus caminha com os homens; são a *tenda* em que todos os humanos vivem com as demais espécies, numa grande casa (*oikos*). Por isso as cosmovisões religiosas, apesar das diferenças, convergem na percepção da natureza como sagrada, solicitando a sabedoria e o respeito dos seres humanos.

Todo esse patrimônio técnico e simbólico, porém, se perderia, se essas cosmovisões não educassem o sujeito humano à *virtude*. Por mais que as florestas sejam exuberantes, por mais que o sol brilhe e a mãe Terra nos dê alimento, a humanidade corre o risco de negar, destruir, poluir e depredar. Para a preservação da vida, importa estabelecer vínculos de cultivo e responsabilidade entre nós e a natureza. Respeito pelas fontes, manutenção das matas e partilha dos frutos da colheita expressam, certamente, o esforço de sobreviver à fome, à seca e à migração. Mas expressam também algumas virtudes adquiridas e consolidadas nos sujeitos e culturas, traduzidas em atitudes e habilidades: dedicação ao cultivo, gratidão pela dádiva, senso do bem comum, preservação do essencial.

As virtudes fazem do sujeito humano um "forte" – como ensina a raiz latina da palavra *virtus* (força). Forte é o labor do solo. Forte é o amor dos genitores. Forte é a alegria dos jovens. Forte é o sacrifício oferecido. Forte é a dignidade dos anciãos. Forte é o cavar poços.

Forte é a forja do metal. Forte é a paz sobre a guerra. Forte é a compreensão. Forte é a sabedoria. Forte é a palavra proferida. Forte é a piedade sobre a impiedade. Forte é o caminhar no deserto. Forte é a récita das Escrituras. Forte é a oblação. Forte é a memória celebrada. Forte é a gratidão. Forte é a compaixão. Forte é a prece. Forte é a virtude. Forte é o virtuoso.

4.1 Virtudes e ecologia

No ser humano tudo se conecta com os demais e com a natureza. Até mesmo as virtudes intelectivas e morais – como o saber e a solidariedade, a reta intenção e a justiça – têm alcance ecológico, pois nos educam ao respeito, à reciprocidade e à compreensão. Tais virtudes formam uma antropoética amplamente válida para as pessoas e nações que co-habitam o planeta. Por vezes "esta antropoética foi recoberta, obscurecida e minimizada pelas éticas culturais diversas e fechadas; mas não deixou de ser mantida nas grandes religiões universalistas":[1]

> Fala a verdade. Segue o caminho da retidão. Não negligencies a recitação das lições [os Vedas]. Depois de trazer a riqueza apreciada pelo teu mestre, não cortes os laços. Não negligencies a verdade. Não negligencies a religião [o Dharma]. Não negligencies o bem-estar de teu corpo. Não negligencies a fortuna e a riqueza. Não negligencies o estudo e o ensinamento dos textos sagrados. Não negligencies os rituais para honrar os deuses ancestrais. Considera tua mãe como um deus; considera teu pai como um deus; considera teu mestre como um deus; considera os hóspedes como um deus. Pratica as ações que não merecem censura, e não outras. Leva em consideração apenas o bem que vês nos outros [...]. Dá com fé; não dês sem fé. Dá com generosidade; dá com modéstia; dá com temor; dá com pleno conhecimento e compaixão (Taittirya Upanishad 1. 11. 1-3).

> Quem faz surgir o amor – sem medidas, cuidadoso [...] – mostrando amor a um ser vivo que seja, sem malícia, já passa com isto a ser virtuoso. Compassivo em espírito com todos os seres, alcança ricos méritos.

---

[1] MORIN, Edgar. *Os sete saberes necessários à educação do futuro*. São Paulo: Cortez; Brasília: Unesco, 2002. p. 113.

Aqueles que, depois de vencer a terra com todas as suas multidões, se fazem sábios e reis, e oferecem sacrifícios, não possuem uma décima parte do valor de um ânimo amável e bondoso. Quem não mata, nem faz matar; quem não oprime, nem permite opressão, mostra amor a todos os seres e não teme de ninguém a inimizade (Itivutaka, 27).

[Os servos do Misericordioso], no seu gastar, não são nem esbanjadores, nem avarentos: o equilíbrio está no meio-termo (Sura 25,67). Assim é, para que não vos desespereis pelo que vos falta, nem exulteis por aquilo que vos é dado. *Allah* não ama o insolente cheio de vanglória, nem o avaro que impõe aos outros sua avareza (Alcorão: Sura 57,23-24).

A piedade não consiste em voltar a face ao Oriente ou ao Ocidente. Piedoso é aquele que crê em *Allah*, no juízo, nos anjos, no Livro e nos profetas; que, por amor a Deus, dá de seus bens aos parentes, aos órfãos, aos necessitados, aos peregrinos e aos mendigos; é aquele que resgata os escravos, recita as preces e paga o tributo dos pobres; que cumpre suas obrigações, suportando adversidades, infortúnios e perigos. Assim são os crentes e piedosos (Alcorão: Sura 2,177).

O espírito de Adonai repousa sobre mim, porque Adonai me ungiu. Enviou-me para anunciar a Boa-Nova aos pobres, a curar os quebrantados de coração e proclamar a liberdade aos cativos, a libertação aos que estão encarcerados; enviou-me a proclamar um ano aceitável para o Senhor (Is 61,1-2; Lc 4,18-19).

Além disso, há virtudes diretamente ecológicas, guardadas no interior das narrativas sagradas ou propostas na ética religiosa. Eis aqui um resumo, a partir das cosmovisões vistas anteriormente.

1) No Hinduísmo:

- Não prejudicar nenhum ser vivo, racional ou irracional.
- Não matar; não depredar; não poluir.
- Reconhecer o valor de todas as formas de vida, unidas em Brahman.
- Preservar as fontes e rios, águas sagradas que vivificam a terra.

2) No Budismo:

- Equanimidade: reconhecer a mesma vida e dignidade a todos os seres.

- Bondade: desejar que todos os seres despertem para a realidade da felicidade e das suas causas.
- Compaixão: cuidar para que todos os seres se libertem do sofrimento.
- Retidão: procurar o bem em toda palavra e ação, intenção e objetivos, em relação aos semelhantes e às demais criaturas.
- Não violência: praticar o diálogo e a contenção da violência em relação às pessoas e à natureza (não depredar, não poluir, não agredir).

3) No Candomblé:

- Respeitar a vida mineral, animal e vegetal, em que circula o *axé* (energia universal).
- Seguir a sabedoria ecológica dos ancestrais: "Se não houver folha, não há vida".
- Preservar os elementos da natureza, identificados com os orixás.
- Agir com arbítrio e virtude: bondade, respeito, equidade, gratidão.
- Educar para o uso sustentável dos recursos da natureza.

4) No Judaísmo:

- Guardar e cultivar o "jardim" do mundo, com dedicação e generosidade.
- Permitir a renovação dos recursos naturais, cumprindo o "repouso do solo" prescrito para o Ano Jubilar.
- Reconhecer os bens da criação como dádiva de Deus.
- Cultivar os campos sem abuso, respeitando os vegetais em crescimento, as plantas em risco de escassez e a preciosidade das sementes.
- Gerir a produção e distribuição dos bens de consumo a partir da natureza, com atenção à alimentação, saúde e justiça para todos.
- Respeitar a coesão e a santidade de todos os corpos, no cosmos e no microcosmo.

6) No Cristianismo:

- Cultivar e guardar o "jardim" do mundo.

- Defender a terra, o ar, as sementes e a água como bem comum e direito humano.
- Fomentar o desenvolvimento sustentável.
- Educar para a preservação, a reciclagem, a partilha e o uso sóbrio dos recursos naturais.
- Promover estratégias ecológicas de educação, produção, preservação e gestão.

7) No Islã:
- Reconhecer as dádivas do Criador.
- Evitar o desperdício e praticar a generosidade.
- Respeitar o ritmo da natureza.
- Seguir a via mediana (equilíbrio).
- Cuidar da alimentação e da qualidade de vida.
- Exercer com responsabilidade a vice-regência de Deus na terra, gerindo os bens da criação com ciência, preservação e sobriedade.
- Gerir os recursos naturais como bens públicos, sob tutela do Estado.
- Fomentar o desenvolvimento sustentável.

As religiões prestam serviço relevante à humanidade ao testemunhar e ensinar virtudes morais e ecológicas. As virtudes têm potencial pedagógico e prático, pois interferem na conduta, nas relações e nos processos socioculturais. O "simples fato de aprender a economizar, a reciclar, a compartilhar, a complementar, a preservar, a aceitar a diferença pode representar uma revolução no corpo do sistema".[2]

4.2 O ecológico, o ecumênico e o econômico

"Grande Casa dos humanos", com as espécies: *oikos – oikoumène*. Assim designamos a Terra, com seus elementos e habitantes. De

---

[2] GADOTTI, Moacir. *Pedagogia da Terra*. São Paulo: Fundação Peirópolis, 2000. p. 85.

oikos derivam também três âmbitos fundamentais da vida humana e planetária, que interpelam nosso cuidado e responsabilidade: o *ecológico*, o *ecumênico* e o *econômico*. Conexos entre si por seus vetores intrínsecos e também por conta do agir humano, esses âmbitos são interdependentes: a vida de um coopera com a vida de todos; a morte de um põe em risco os outros dois.

Contudo, seguindo a lógica da dádiva, há na interdependência do ecológico, do ecumênico e do econômico uma ordem de princípio, de valor fontal mais que funcional. Antes de tudo, temos o *ecológico*: provedor e gestor primordial da vida, em toda a sua extensão. Em seguida, temos o *ecumênico*: as religiões, culturas e instituições educadoras da humanidade.[3] Por fim, temos o *econômico*: toda a malha de produção, distribuição e gestão, em vista do desenvolvimento integral, justo e sustentável.

Esta ordem de valor fontal coloca a biodiversidade e a vida em geral em primeiro lugar; reconhece as religiões, a filosofia e a educação como responsáveis diretas pela vida humana e planetária; e solicita da economia uma conversão paradigmática, a serviço do desenvolvimento integral e sustentável. A inversão desta ordem de valor – colocando em primeiro lugar a economia, em segundo lugar o patrimônio religioso e cultural, e por último a vida planetária – causou danos enormes no passado e no presente. Esperamos que, em vista do futuro, o *ecológico*, o *ecumênico* e o *econômico* tenham suas prioridades reordenadas, um em face do outro. Pois a crise ambiental (climática, energética, alimentar e sanitária) pela qual passamos atingiu níveis de urgência próximos da irreversibilidade.

Situadas entre o ecológico e o econômico, as religiões são parceiras da filosofia, da cultura, da ética e da educação, na tarefa de defender e preservar a vida. Missão gigantesca, que solicita toda a riqueza hermenêutica, simbólica e pedagógica das *virtudes* religiosas. A mencionada crise ambiental se tornou "referencial crítico" não só para a industrialização, o consumismo e a exclusão social, mas também para as religiões, convocadas a superar conflitos e sair

---

[3] Neste caso partimos da raiz etimológica *oikos* = *oikoumene*, ampliando a compreensão de "ecumênico" para além das Confissões cristãs.

de sua zona de conforto para assumir – de modo corresponsável e dialógico – o serviço universal do bem comum. As religiões têm um potencial ainda não aproveitado, à espera que seus próprios líderes e instituições avancem na releitura e aplicação das fontes sagradas à causa humanitária, em geral, e ecológica, em particular.

Certamente, muito se fez e muito se faz – considerando a atuação dos sujeitos e instituições religiosas no campo da educação, saúde, superação da fome, assistência a migrantes, preservação ambiental e construção da paz. Há projetos locais e internacionais eficazes, alguns em parceria com as Organizações Governamentais e Não Governamentais, com as agências da ONU e também com organismos inter-religiosos. Importa otimizar tudo isto, para que, além de fazer *muito*, as religiões o façam *juntas*. O papel das religiões na inter--relação do ecológico e do econômico poderá ser mais significativo à medida que os seus líderes e instituições traduzirem as virtudes religiosas em projetos de humanização, convivência global, educação ambiental e desenvolvimento sustentável.

Referências bibliográficas

BENTO XVI. *Caritas in veritate*. São Paulo: Paulinas, 2009. (A Voz do Papa, 193.)

CROATTO, José Severino. *As linguagens da experiência religiosa*. São Paulo: Paulinas, 2001.

GADOTTI, Moacir. *Pedagogia da Terra*. São Paulo: Fundação Peirópolis, 2000.

MORIN, Edgar. *Os sete saberes necessários à educação do futuro*. São Paulo: Cortez; Brasília: Unesco, 2002.

PENA-VEGA, Alfredo. *O despertar ecológico*. 2. ed. Rio de Janeiro: Garamond, 2005.

SOTER. *Sustentabilidade da vida e espiritualidade*. São Paulo: Paulinas, 2008.

5
Humanidade

Vários textos sagrados descrevem o lugar do ser humano entre as criaturas. De um lado, sugerem a nossa distinção como espécie racional e comunidade social. De outro lado, afirmam a nossa inserção no mundo e o nosso vínculo com os elementos celestes e terrestres:

> Na medida em que o ser humano se assemelha aos céus e à terra, não se põe em contradição com eles (Xicen III, 3).

> O universo é como um homem gigante: podemos falar de seu olho, que é o sol; de seu alento, que é o vento; de seus membros, de seu coração, de seu pensamento. Do mesmo modo o homem é um universo em medida menor: podemos falar de seu sol, que é o olho; e de seu vento, que é a respiração (Brihadaranyaka Upanishad V, 1).

> Adonai Deus modelou o homem com a argila do solo, insuflou em suas narinas um hálito de vida, e o ser humano se tornou um ser vivente (Gn 2,7).

A Terra é morada, jardim e nutridora dos humanos. Com ela mantemos uma relação profunda de parentesco (nascemos da argila modelada) e sobrevivência (da terra nos nutrimos). Por isso, os verbos "procriar" e "dominar" devem conciliar-se com "cultivar" e "reconhecer":

> Deus tomou o homem e o colocou no jardim do Éden para o cultivar e o guardar (Gn 2,15).

> Na terra produzimos jardins de tamareiras e videiras; e dela fazemos brotar fontes, para que possais comer dos seus frutos e do quanto vossas mãos produzem. Acaso reconhecem? (Alcorão: Sura 36,33-36)

Assim, as religiões dialogam com o paradigma ecológico no horizonte da antropologia: aproximam Ecologia da Natureza e Ecologia do Homem; alertam para a responsabilidade humana em face da natureza; e oferecem elementos de superação do antropocentrismo unilateral, sugerindo o princípio norteador da *antropodemia* (como apresentamos a seguir).

5.1 Nó complexo e conectivo

A Terra é morada única e indispensável de todas as etnias humanas, inseridas na teia vital (*lifeweb*) que nos religa às demais comunidades orgânicas (*biomas e biocenoses*). O mesmo estatuto antropológico que nos distingue das demais espécies também nos conecta com elas, já que nossa constituição química, biológica, energética e atômica partilha os mesmos elementos presentes na totalidade da biosfera: aminoácidos, proteínas, minerais, hidrogênio e DNA. Nossa corporeidade representa uma síntese peculiar dos elementos cósmicos e planetários. Já dizia Hildegarda de Bingen, abadessa e terapeuta do século XII:

> Todos os elementos cósmicos se encontram no ser humano, e este opera com eles. Seu nome é: fogo, ar, água, terra. Estas quatro matérias fundamentais estão tão entrelaçadas e vinculadas entre si, que nenhum dos elementos pode ser separado um do outro; e se mantém nessa união comum de tal sorte que ao seu conjunto chamamos firmamento, entendido como a firme estrutura do mundo. Os elementos se embebedam de tudo o que forma a natureza humana, assim como o ser humano incorpora em si mesmo também os elementos. Pois o homem vive com eles e eles com o homem, e até o sangue humano flui de acordo com isto.[1]

Em nós, química, biologia e psique formam um nó autorreflexo e conectivo. Somos um elo original entrelaçado no conjunto da rede biótica. Tudo quanto experimentamos como *noosfera* (cadeia de consciência) tem seu lugar na *biosfera* (cadeia da vida) e não seria possível sem esta, após milênios de complexificação.

Nosso *status* original de sujeitos dotados de conhecimento, moralidade, habilidade técnica e capacidade hermenêutica nos torna

---

[1] BINGEN, Hildegarda de. *Causae et curae*. Apud BÖHME, Gernot; BÖHME, Harmut. *Fuego, agua, tierra, aire*. Barcelona: Herder, 1998. p. 238.

ainda mais responsáveis pelo bem e pelo mal que causamos aos nossos semelhantes, às formas diferentes de vida e ao meio ambiente. A escassez de água, a crise energética e as mudanças climáticas constituem um alerta sobre a relação inevitável que estabelecemos com a natureza. Essa inevitabilidade deve-se ao fato de ainda existirmos na Terra, caracterizando-a como espaço antropodêmico: casa habitada por humanos. Por isso necessitamos pensar e praticar a ecologia com atenção à imbricação entre natureza e humanidade, ciências naturais e ciências humanas, direito ambiental e direito humano, tecnologia e desenvolvimento sustentável.

5.2 Antropodemia

Nós humanos representamos a face consciente da biosfera, não de modo vago, mas incisivo, pelo fato de sermos uma espécie que conhece (episteme), manuseia (*techne*), reflete (logos) e decide (*éthos*) de modo complexo e com alto grau de interferência no meio ambiente.[2] Certamente não estamos sós neste cenário, mas sim rodeados de outros organismos complexos. Contudo, precisamos administrar nossa parcela de responsabilidade pela vida terrestre, negativamente (admissão dos erros cometidos e reparação dos danos) e positivamente (gestão sustentável e tecnologias de solução). Sobre nossa presença e atuação no planeta, a *Carta da Terra* diz:

> A humanidade é parte de um vasto universo em evolução. A Terra, nosso lar, é viva como uma comunidade de vida incomparável. As forças da natureza fazem da existência uma aventura exigente e incerta, mas a Terra providenciou as condições essenciais para a evolução da vida. A capacidade de recuperação da comunidade de vida e o bem-estar da humanidade dependem da preservação de uma biosfera saudável com todos seus sistemas ecológicos, uma rica variedade de plantas e animais, solos férteis, águas puras e ar limpo. O meio ambiente global com seus recursos finitos é uma preocupação comum de todos

---

[2] Há, portanto, uma relação entre a antropodemia e o princípio antrópico proposto pelas Ciências, a ser ainda explicitada. Esperamos abordar esta relação oportunamente, num outro ensaio.

os povos. A proteção da vitalidade, diversidade e beleza da Terra é um dever sagrado.[3]

A partir daí, entendemos a *antropodemia* como correção de qualquer interpretação unilateral do antropocentrismo, no sentido de domínio, irracionalidade ou abordagem objetal em relação à natureza. Do ponto de vista da Terra, podemos dizer que a humanidade é um "sintoma" específico da vida planetária – a qual poderia prosseguir, em tese, sem o ser humano. Contudo, superando qualquer tom depreciativo, a humanidade quer ser e necessita ser um "sintoma" positivo da saúde da Terra, já que esta é efetivamente antropodêmica (habitada pelos humanos).

A antropodemia é um *princípio* caracterizado pelas seguintes noções:

- Interação: pois estamos interligados com as demais espécies e elas conosco, na intrincada teia da vida, por vínculos químicos, biológicos e físicos.

- Responsabilidade: pois discerne o papel específico da humanidade no que tange ao meio ambiente, gestão de recursos naturais, ética, pesquisa, segurança alimentar, consumo de energia e desenvolvimento sustentável.

- Dialética: pois concebe a relação simultânea de implicação e distinção entre o ser humano e a natureza: "distinção" não significa necessariamente "cisão", mas implica a dialética contínua entre distinção e identificação com a natureza, da parte do ser humano.

- Flexibilidade: pois leva em conta a adaptação dos humanos e das demais espécies, concebendo a humanidade e o conjunto da vida natural como realidades processuais e dinâmicas.

- Assimetria: a dialética e a flexibilidade, na relação entre as espécies e as comunidades orgânicas, não provocam nivelamento nem simetria entre as partes no todo. Ao contrário, dialética e flexibilidade funcionam justamente por conta da diversidade bi-

---

[3] *Carta da Terra*: tópico sobre a situação global.

ótica e suas conexões assimétricas. Cada parte do ecossistema contribui no todo da vida com suas medidas e pesos distintos, característicos da biodiversidade.

- Complexidade: pois "o homem está na natureza; a natureza está no homem" (Edgar Morin). O princípio antropodêmico nos recorda a relação dialógica incontornável entre realidade antropossocial e realidade bionatural.
- Política: pois a antropodemia vislumbra uma administração que caracterize o ser humano como copiloto da Terra *com* a natureza, e não simplesmente *contra* ela.
- Moral: pois se preocupa com a dimensão moral do desenvolvimento e alerta para o fato de que a Ecologia da Natureza nos pede uma Ecologia Humana.

Dessas noções de antropodemia se aproximam perspectivas científicas e religiosas, presentes na cosmovisão sagrada ou na Ecologia Complexa. Cada uma das noções se relaciona, direta ou indiretamente, com as contribuições que demonstramos anteriormente: episteme, profundidade, reconhecimento, virtudes e humanidade – bem como engajamento e espiritualidade, que veremos a seguir. Esta é nossa tentativa (no sentido de ensaio) de redimensionar criticamente o antropocentrismo de tendência dominadora, sem descuidar da imbricação entre humanidade e natureza.

Referências bibliográficas

BINGEN, Hildegarda de. *Scivias*: conoce los caminos. Madrid: Trotta, 1999.

BOFF, Leonardo. *Princípio de compaixão e cuidado*. 2. ed. Petrópolis: Vozes, 2001.

BÖHME, Gernot; BÖHME, Hartmut. *Fuego, agua, tierra, aire*: una historia de la cultura de los elementos. Barcelona: Herder, 1998.

COMTE, Fernand. *Los libros sagrados*. Madrid: Alianza Editorial, 1995.

MORIN, Edgar. *Os sete saberes necessários à educação do futuro*. São Paulo: Cortez; Brasília: Unesco, 2002.

PENA-VEGA, Alfredo. *O despertar ecológico*. 2. ed. Rio de Janeiro: Garamond, 2005.

SPAREMBERGER, Raquel F. L.; PAVIANI, Jayme (Org.). *Direito ambiental*: um olhar para a cidadania e sustentabilidade planetária. Caixas do Sul: Educs, 2006.

6
Engajamento

Até aqui nossa abordagem comparada explicitou cinco elementos que a cosmovisão religiosa oferece à ecologia: o aprimoramento da episteme, a perspectiva de profundidade, o reconhecimento da natureza como dádiva, as virtudes ecológicas e o princípio antropodêmico. Com esses cinco elementos, a ecologia recebe das religiões uma contribuição epistemológica (conhecimento complexo da natureza e do ser humano), uma contribuição pedagógica (educação ambiental) e uma contribuição ética (condutas sustentáveis de consumo, reciclagem e preservação). Por outro lado, esses mesmos elementos interferem na autocompreensão das religiões. À medida que os sujeitos e as comunidades crentes assumem sua episteme da criação, a noção de profundidade, o reconhecimento da criação como dádiva, as virtudes e a responsabilidade pelo meio ambiente, descobrem-se diretamente implicados na tarefa ecológica. Trata-se do despertar ecológico das religiões: assunção de suas responsabilidades pela vida humana e planetária, a partir das próprias fontes religiosas (textos sacros, mística, teologia, moral) e em vista do engajamento ecológico ao lado das ciências, dos governos, das instituições civis e também das demais religiões.

6.1 Responsabilidade

As religiões têm sua parcela de responsabilidade na educação ambiental, preservação da natureza e elaboração da Ecologia Complexa. Antes do desenvolvimento moderno das ciências, os sujeitos e as comunidades crentes já reconheciam o valor dos bens naturais, protegiam fontes e florestas como espaço sagrado e celebravam cada fase do ciclo da vida. Mitos, símbolos e ritos foram os primeiros registros ecofônticos da humanidade, nos quais os povos e as culturas inscreveram sua visão do mundo e de si próprios, na contínua interação entre a pessoa e o meio ao longo da História.

Os desenvolvimentos recentes da Física, Cosmologia, Antropologia Cultural, Astrofísica e Biogenética se distinguem da hermenêutica religiosa em muitos pontos, certamente. Mas isto não cancela a responsabilidade específica das religiões na causa ecológica, nos níveis pessoal e institucional. Também não determina uma oposição radical entre ciência e religião – já que ambas convergem no serviço à vida, na afirmação da dignidade humana e no compromisso pelo bem comum, além das fronteiras étnicas, econômicas e ideológicas. Na medida em que as religiões propõem "projetos de humanidade" com valores e hermenêuticas que incidem na relação entre pessoas, e destas com o Criador e as demais criaturas, essas mesmas religiões se apresentam à sociedade como "parceiras potenciais" da Ciência, dos governos e da educação em benefício da vida e da sustentabilidade do Planeta. Cada vez mais precisamos incluir a ecologia na agenda das religiões; e as religiões na agenda da ecologia.

6.2 Estratégias

As religiões dispõem de diversas estratégias, diretas ou indiretas, para participar positivamente na tarefa ecológica:

- Fazer uma leitura ecológica de suas próprias fontes: narrativas ancestrais, textos sacros, símbolos, ritos, teologia e mística.
- Explicitar sua mitologia/teologia da criação, discernindo o lugar e o papel do ser humano na Terra.
- Propor virtudes ecológicas para a conduta individual e coletiva.
- Oferecer elementos hermenêuticos, pedagógicos e motivacionais para o saber e a prática ecológicos.
- Incluir temas ambientais no discurso religioso cotidiano.
- Incluir temas ambientais no currículo de estudo de seus agentes.

- Incluir temas ambientais no currículo de todas as suas instituições educativas.
- Favorecer espaços de discussão e busca comum de soluções para problemas ecológicos locais: fóruns, painéis, assembleias, simpósios, grupos de debate etc.
- Emitir notas, pareceres e documentos oficiais a respeito das questões ecológicas, incidindo na opinião e na gestão públicas.
- Contribuir para a consolidação da justiça ambiental, especialmente em relação aos mais pobres e excluídos.
- Motivar seus seguidores para as práticas sustentáveis: evitar desperdícios, coletar o lixo seletivamente, reciclar, partilhar o excedente, despoluir, preservar fontes, plantar árvores, cultivar hortas familiares e comunitárias, privilegiar produtos orgânicos etc.
- Estabelecer parcerias com outras instituições, em benefício da biodiversidade terrestre e marinha.
- Promover a educação ambiental em todos os níveis de sua organização: meios de comunicação, escolas, igrejas, mesquitas, templos, sinagogas, mosteiros, hospitais, centros culturais, universidades etc.
- Privilegiar a educação ambiental das novas gerações (crianças e jovens).
- Fomentar o conhecimento e a busca de soluções ambientalmente viáveis entre seus agentes, líderes e peritos.
- Investir na informação sobre questões ecológicas através das mídias disponíveis: sites, jornais, folhetos, livros, revistas, rádio, televisão etc.
- Promover ações organizadas, envolvendo seus agentes e a comunidade local: campanhas, ciclos de palestras, informação coletiva, coleta comunitária de lixo, reflorestamento, banco de alimentos, hortas comunitárias, observatórios ambientais permanentes etc.
- Dialogar com ambientalistas, políticos, empreendedores e educadores, em benefício de práticas sustentáveis de produção e consumo, de uso e renovação de recursos naturais.

- Abrir suas instituições às iniciativas ecológicas de outras organizações civis, religiosas ou educacionais.
- Participar do diálogo inter-religioso em vista de uma agenda ecológica conjunta.
- Criar ou apoiar Organizações Não Governamentais (ONGs) que se ocupem de questões ambientais, alimentares, energéticas e sanitárias.
- Avaliar e responder às solicitações de projetos da parte dos governos, sobretudo dos Ministérios do Meio Ambiente e da Educação.
- Estabelecer metas ecológicas nos seus planejamentos e programas de ação.
- Apoiar educadores, teólogos, pregadores, coordenadores e outros agentes a aprimorar seus conhecimentos em ecologia, através de estudos científicos e universitários.
- Apoiar iniciativas interinstitucionais de estudos e ação específicos em ecologia.
- Acompanhar de forma cidadã as políticas públicas referentes ao meio ambiente.
- Posicionar-se publicamente a respeito de ações, leis e modos de gestão que prejudicam o meio ambiente.
- Aderir a campanhas e ações populares que beneficiem o meio ambiente perante os governos: abaixo-assinados, projetos de reforma legal, solicitação de medidas governamentais alternativas, criação de fundos de financiamento, fiscalização do impacto ambiental das indústrias etc.
- Fomentar experiências alternativas de economia solidária que privilegiem os produtos orgânicos, a renovação de recursos naturais e o preço acessível.

Referências bibliográficas

BECKER, Dinizar F. (Org.). *Desenvolvimento sustentável*: necessidade e/ou possibilidade? Santa Cruz do Sul: Edunisc, 2002.

CELAM. *Documento de Aparecida*. Brasília: Edições CNBB, 2007.

CNBB. *Mudanças climáticas*: profecia da Terra. Brasília: Edições CNBB, 2009.

GORE, Al. *A Terra em balanço*: ecologia e o espírito humano. São Paulo: Gaia, 2008.

JOÃO PAULO II. *Sollicitudo rei socialis*. 5. ed. São Paulo: Paulinas, 2000.

MISCHE, Patrícia; MERKLING, Melissa. *Desafio para uma civilização global*: diálogo de culturas e religiões. Lisboa: Instituto Piaget, 2001.

SOTER. *Sustentabilidade da vida e espiritualidade*. São Paulo: Soter/Paulinas, 2008.

7
Espiritualidade

As religiões costumam observar as estrelas, para bem caminhar na terra. Quase toda projeção ao infinito tem consequências no tempo. E os valores eternos implicam virtudes cotidianas:

> Quem faz surgir o amor – sem medidas, cuidadoso [...] – mostrando amor a um ser vivo que seja, sem malícia, já passa com isto a ser virtuoso. Compassivo em espírito com todos os seres, alcança ricos méritos. Aqueles que, depois de vencer a terra com todas as suas multidões, se fazem sábios e reis, e oferecem sacrifícios, não possuem uma décima parte do valor de um ânimo amável e bondoso. Quem não mata, nem faz matar; quem não oprime, nem permite opressão, mostra amor a todos os seres e não teme de ninguém a inimizade (Itivutaka, 27).

Num movimento inverso e complementar, o debruçar-se sobre a terra ensina a olhar o céu. Assim, as colheitas festejam a chuva, o solo reflete o sol, as marés seguem a lua e as criaturas se tornam sinais do Criador:

> Um sinal para eles é a terra árida que vivificamos e da qual fazemos surgir os grãos com que se alimentam. Nela produzimos jardins de tamareiras e videiras; e dela fazemos brotar fontes, para que possais comer dos seus frutos e do quanto vossas mãos produzem. Acaso reconhecem? Glória Àquele que criou aos pares tudo o que a terra produz (Alcorão: Sura 36,33-36).

Brotam na inteligência humana o reconhecimento e a responsabilidade pela dádiva. O agricultor se faz sacerdote, o oleiro se faz profeta, o nômade se faz contemplativo:

> Os céus narram a glória de Deus
> e o firmamento proclama a obra de suas mãos.

O dia entrega a mensagem a outro dia,
e a noite a faz conhecer a outra noite.

Não há termos, não há palavras,
nenhuma voz que deles se ouça;
contudo, seu traçado aparece em toda a terra
e até os confins do mundo se manifesta a sua linguagem.

Ali o Criador pôs uma tenda para o sol:
ele sai, qual esposo da alcova,
como alegre herói percorrendo o caminho.

Ele sai de um extremo dos céus
e até o outro extremo vai o seu percurso;
e nada escapa ao seu calor (Sl 19[18],2-7).

7.1 Valores do espírito

Com sua percepção sagrada da natureza, as religiões conferem espiritualidade à tarefa ecológica. Primeiramente, para os crentes que as professam; pois o cuidado com a Terra e a vida em geral se enraíza no reconhecimento dos bens naturais como dádiva do Criador e conduz às virtudes ecológicas que os sujeitos e comunidades devem praticar. Assim se expressam de modo coerente o zelo e a gratidão pela dádiva. Isto não implica apenas um tipo de conhecimento e interpretação do universo, mas também um conjunto de *atitudes fundamentais* na relação com os semelhantes, com a natureza e com a divindade. Neste sentido, cada religião se inspira nas fontes de sua tradição, discernindo também os valores e convergências que permitem o diálogo com outros credos e instituições.

Mas também os não crentes podem se beneficiar dos valores espirituais das religiões, na medida em que esses valores inspiram "projetos de humanidade". Ar, solo, clima, água, energia, remédios e alimentos são vitais para todos. Estão acima das fronteiras impostas pela guerra ou pelo mercado. Da mesma forma reconhecimento, cuidado, gratidão, partilha e promoção do bem comum são valores universais. Eles dão base aos direitos humanos e aos direitos da Terra. Além disso, expressam as esperanças que nos movem: rompem os sectarismos, estabelecem convergências e possibilitam ações coordenadas entre sujeitos, saberes e instituições.

Portanto, as expressões confessionais da espiritualidade ecológica (conforme cada tradição religiosa) não impedem a acolhida – da parte dos não crentes – daqueles elementos que podem nutrir suas convicções e inspirar suas atitudes decisivas, com sentido antropológico muito além da eficiência técnica, empírica e funcional. Valores universais sempre serão "valores do espírito" para todos nós, humanos.

7.2 Transcendência

Crentes ou não, todos necessitamos respirar, ampliar horizontes, superar temores, projetar utopias e nutrir motivações positivas que estejam à altura de nossas metas para a humanidade e o planeta. Nesse sentido, a *transcendência* não é exclusividade das religiões, mas horizonte no qual se move o humano. Também cientistas, gestores, técnicos, políticos, artistas, pesquisadores, ambientalistas e ecólogos precisam de fôlego, de inspiração e de esperança – quer professem uma determinada fé, quer não.

Nós crentes não deixamos de ser pesquisadores e cientistas pelo fato de termos fé. Por sua vez, os técnicos e cientistas não se opõem à transcendência pelo fato de seguirem as diretrizes da ciência. A origem da matéria, a expansão do universo e o devir do tempo impõem questões transcendentais a nós todos, independentemente de nossas filiações confessionais ou ideológicas. Afinal, partilhamos a mesma condição terrena. Talvez por isso, crentes e não crentes se encontram na poesia, na música, na solidariedade, no lazer e nos grandes ideais de justiça e paz: é a transcendência que invade o cotidiano e lhe dá sentido, projetando-nos de algum modo ao futuro.

Religião e ciência se comunicam em nossa humanidade, numa dialética inegável. Cabe a nós fazer dessa dialética um diálogo gerador de possibilidades positivas, traçando itinerários de cooperação entre pessoas e povos. Vividas com maturidade e ânimo generoso, religião e ciência podem abrigar esperanças comuns. Pois ambas nos convocam a agir em benefício de nossa geração e das gerações vindouras. Com elas nos dedicamos laboriosamente a construir o futuro, porque o cremos possível desde já.

Em termos de transcendência, propomos cinco percepções que são, ao mesmo tempo, "olhares sobre a matéria" e "valores do espírito": beleza, sentido, reconhecimento, esperança e mistério. Em cada percepção, ciência e religião podem se encontrar na proposta de uma "espiritualidade ecológica" inclusiva e motivadora:

- *Beleza* – o universo é epifania de uma beleza multiforme e incomensurável. Multiforme pelas inúmeras irradiações de luz, formas, proporções, movimentos, cores, simetrias e assimetrias. Incomensurável por conta das enormes dimensões dos corpos, distâncias e projeções, que ultrapassam milhões e até bilhões de anos-luz. Em muitos casos, essas manifestações são ainda insondáveis para nós, humanos, apesar dos avançados instrumentos de exploração (satélites, telescópios, radiotelescópios e sondas espaciais). Temos nebulosas gigantescas de irradiação, poeira e hidrogênio. Temos os pulsares, a brincar no espaço com sua velocidade e luz intermitente. Temos os quasares, a formar lentes virtuais de gravidade que iludem nossa observação. Temos a "matéria escura" sutil que preenche o espaço do universo já expandido. Vários componentes estéticos, típicos da Arte, são verificáveis na tela surpreendente do cosmos: "a harmonia dos contrastes, a ordem da complexidade, a frágil combinação do novo com o estável, do viçoso matiz com o padrão reiterado".[1] Exatidão e proporcionalidade jogam com variação e descontinuidade, revelando algo de lúdico e jocoso na sinfonia das galáxias. Estrelas nascem e morrem; asteroides invadem a órbita regular dos satélites e pulsares brincam de pisca-pisca no meio da escuridão. Do átomo às estrelas, é inegável que o universo evolui "das formas triviais às versões mais intensas da beleza".[2]

Há, sim, uma dimensão estética no universo. Na Antiguidade, Pitágoras captou uma estrutura matemática ordenadora do

---

[1] HAUGHT, John. *Cristianismo e ciência*. São Paulo: Paulinas, 2009. p. 95.
[2] Ibid., p. 96.

caos, subjacente a todas as simetrias e assimetrias. O cosmos seria feito de números, não só ao modo de cálculo, mas ao modo de música: compasso, vibração, duração e melodia. Tanto a luz quanto o som se dissipam em ondas, podendo ser captados pelo espírito humano. Na Idade Média, Hildegarda de Bingen descreveu o universo como sinfonia celeste. Na Modernidade recente, o matemático Alfred Whitehead constatou que entre geração e perecimento, evolução e entropia, o cosmos se gesta processualmente, com "solicitude para que nada se perca".[3]

- *Sentido* – o processo cósmico é feito de contínuos e descontínuos, renovação e perecimento. Não obstante as perdas (milhares de estrelas morrem e centenas de pulsares se apagam a cada minuto) o universo permanece! O arranjo íntimo dos átomos e a combinação intricada de matéria e energia jogam a favor da existência, não do desaparecimento. Haveria, então, um sentido para o processo cósmico? Mais: haveria um propósito? Enquanto muitos dizem que não, outros pensam que sim. Teilhard de Chardin acreditava que a complexificação qualitativa da matéria apontaria para uma realidade transfigurada energeticamente: tudo se encaminharia para este hipotético "ponto ômega". A própria humanidade – com sua capacidade cognitiva, artística e espiritual – seria prova dessa transfiguração, pela qual uma combinação específica de biologia e energia propiciou a emergência da psique (*l'esprit*), com inegável interioridade subjetiva e capacidade de conceber o infinito. Alfred Whitehead deduz matematicamente que a marcha cósmica, com suas leis e equações, aponta para uma realidade antecedente (de um lado) e para uma realidade consequente (de outro). Haveria, então, uma possibilidade de sentido baseada em observação e hipóteses científicas. Os dois autores são interessantes: para Teilhard de Chardin o sentido do universo é vislumbrado como narrativa misteriosa, porém proclamada pelos códigos da matéria e sua contínua evolução; para Whitehead o sentido do universo é deduzido dos processos cósmicos observáveis, com equações coerentes. Por

---

[3] WHITEHEAD, Alfred. *Process and Reality*. New York: Free Press, 1978. p. 346.

sua vez, John Haught opina que o próprio universo nos mostra que há aspectos da natureza ainda inacessíveis ao método científico: "se aprimorarmos *todo* o nosso aparato perceptivo, que a ciência não desenvolve, poderemos ser capazes de vislumbrar, pelo menos difusamente, um propósito e uma promessa nos estratos mais profundos de nosso universo perecível".[4]

- *Reconhecimento* – com ou sem sentido transcendente, a beleza do cosmos é perceptível. Com ou sem um propósito, o devir do mundo e especialmente a vida que usufruímos é um dado evidente. Mais: não só evidente, mas experimentável nos níveis biológico, psíquico e simbólico. Os elementos oferecidos pela Terra, dos quais nos nutrimos, são os mesmos que a ritualidade sacraliza como ação de graças e oblação à Divindade criadora. O fenômeno da vida é tão complexo quanto frágil e gratuito em seu permanente fluir. Tudo o que nos faz fortes sobre a Terra solicita nosso cuidado: água, solo, árvores, ar, clima etc. Quando usufruímos desses bens, deveríamos reconhecer o seu valor intrínseco e vital: é dom da natureza que supera a mediação da indústria e do comércio. Em última instância, a natureza é a primeira gestora desses bens – muitos dos quais a tecnologia não garante nem produz em grande escala, pois dependem radicalmente de biomas e climas específicos. A vida não necessita da religião para inspirar virtudes de gratidão e cuidado, ainda que a fé colabore para tal. Há um reconhecimento da beleza cósmica e dos bens naturais que deveria ser-nos habitual, independentemente da fé professada. Antes de ser comportamento religioso, o reconhecimento da dádiva é virtude antropológica. A consciência da escassez, de um lado, e o usufruto dos bens vitais, de outro, nos educam às virtudes da partilha e do cuidado, ao lado da gratidão pela vida que o universo, a Terra e as gerações anteriores nos legaram. Para os que creem, este reconhecimento se tornará, também, princípio de adoração: "Altíssimo, onipotente e bom Senhor, teus são o louvor, a glória, a honra e toda a bên-

---

[4] HAUGHT, op. cit., p. 89.

ção. Louvado sejas, com todas as tuas criaturas!" (Francisco de Assis).

- *Esperança* – em seu olhar sobre o mundo, as religiões admitem um futuro possível e feliz para o cosmos e a humanidade. Não se trata de abordagem ingênua ou mágica, mas de uma *narrativa de sentido* que – atenta à finitude e ao mal – privilegia a bondade original das criaturas e a capacidade humana de eleger e praticar o melhor para si e o Planeta. Na base deste olhar, as religiões geralmente concebem a Divindade como máxima bondade, verdade e beleza. Como consequência, o ser humano é convocado a seguir o exemplo divino, ainda que de modo limitado, trilhando uma vida virtuosa. As implicações éticas e ambientais da boa conduta foram apresentadas antes, nos vários tópicos em que tratamos da cosmovisão religiosa, da humanidade, das virtudes e do engajamento ecológico. Do ponto de vista cosmológico, sabemos, pelo princípio da entropia, que o próprio universo perde energia à medida que se expande. Contudo, o *rallentando* de seu compasso final não retroage sobre o *allegro* polifônico da energia, matéria e vida atualmente observáveis. Na imensa e escura tela cósmica despontam por toda parte explosões estelares, combinações atômicas, irradiações eletromagnéticas e, no caso da Terra, arranjos sofisticados de vida biológica e psíquica. Além disso, "o universo pode ter uma profundidade de tempo futuro ainda mais inescrutável pela frente".[5] A evolução parece apontar para isto, com sua sucessão de manifestações: geosfera, atmosfera, biosfera e noosfera. Importa lembrar, além do mais, que nossa existência humana – com seu arranjo biológico-neural e sua profundidade psico-hermenêutica – é em si mesma um evento do cosmos, nele inserido e dele participante. Não podemos falar de esperança e compromisso pelo futuro sem envolver nossa própria humanidade no cosmos, e todo o cosmos em nossa humanidade. Enquanto investigamos os limites observáveis do espaço, engajamo-nos positivamente na promoção da vida humana e planetária. A Terra é a primeira morada de nossas esperanças.

---

[5] Ibid., p. 237.

• *Mistério* – o filósofo francês Gabriel Marcel faz distinção oportuna entre "problema" e "mistério". O problema pode ser examinado desde fora, com necessária distância crítica e abordagem de análise. O mistério pede o exame desde dentro, com perspectiva dialética e abordagem de síntese. Nesse sentido, o universo é um "problema", sem deixar de ser "mistério". Os fragmentos desconhecidos do cosmos, tomados um a um ou conexos entre si, constituem problemas científicos e pedem análises diferenciadas da Física, da Astronomia, da Mecânica e da Biologia. Já a constatação de que o universo, tão plural, constitui um todo complexo e inacabado, num movimento de expansão que carrega também a Terra e a nós mesmos, pede um olhar holístico e nos leva a investigar as leis gerais que permitem que o mundo seja o que é. Afinal, nos perguntamos: Como tudo se ordena, dinâmico e coeso ao mesmo tempo? Que vínculos fundamentais unem a matéria inerte e a vida biológica no arranjo do universo? O presente da vida na Terra poderá ser o futuro da vida em outros planetas? Que escala de grandeza ocupamos no mundo, com nossa profundidade psíquica, ética e estética? Que narrativas de sentido se inscrevem na evolução, esperando ser decifradas? Mais: caberá a nós, humanos, responder a tudo isto? Ou o universo mesmo nos estaria revelando tais respostas, aparentemente ocultas? Afinal, a mesma realidade cósmica que nos suscita tais perguntas deveria ser, por via dedutiva e consequente, a fonte das respostas. Contudo, o mistério persiste, não só por causa de nossos limites técnicos ou hermenêuticos, mas porque o próprio cosmos ainda está inacabado: precisamos nos projetar à sua *plenitude* para decifrar os fragmentos já manifestos. Daí o papel das Artes, da Filosofia, da Psicologia, da Matemática Pura e também da religião, em propor equações ou emblemas de totalidade que nos permitam avançar no conhecimento atual do universo (e da nossa inserção nele). Às vezes é oportuno conjecturar o todo para estudar as partes. Neste caso, o *mistério* não é negação do conhecimento, mas uma de suas perspectivas mais instigantes.

Referências bibliográficas

CROATTO, José Severino. *As linguagens da experiência religiosa*. São Paulo: Paulinas, 2001.

HAUGHT, John. *Cristianismo e ciência*: para uma teologia da natureza. São Paulo: Paulinas, 2009.

KÜNG, Hans. *O princípio de todas as coisas*. 2. ed. Petrópolis: Vozes, 2009.

SOTER. *Sustentabilidade da vida e espiritualidade*. São Paulo: Soter; Paulinas, 2008.

WHITEHEAD, Alfred North. *Process and Reality*. New York: Free Press, 1978.

Parte III
Tarefas

Que tarefas a ecologia solicita das religiões?

1
Interpretar a condição humana na Terra

Na história das civilizações, a religião registra as primeiras leituras interpretativas da condição humana em seu meio. As hierofanias sempre revelam um forte nexo entre divindade, humanidade e natureza. As narrativas de origem do cosmos e do ser humano – com sua linguagem metafórica, figuras emblemáticas e rememorações rituais – compuseram visões de mundo e ajudaram o próprio ser humano a situar-se, em relação com os astros, com seu meio vital, com os semelhantes e consigo mesmo. Assim emergiram variadas noções de tempo, espaço e transcendência, conjugando o particular e o universal. De tal sorte que, ainda hoje – após séculos de evolução tecnológica e científica –, o acervo das religiões surpreende por sua complexidade. Apesar dos sectarismos e conflitos religiosos testemunhados pela História, as religiões souberam preservar um *núcleo de valores fundamentais* capaz de (re)orientar a própria conduta religiosa na direção de uma ética universal e planetária:

- O respeito por todas as formas de vida e o princípio da não violência, no Hinduísmo.

- O princípio da compaixão, as virtudes práticas e afirmação da paz, no Budismo.

- A retidão do arbítrio, o respeito pelo outro e a reverência pela natureza, no Candomblé.

- O perdão das dívidas, o amor ao próximo e o repouso da terra (*ano sabático*), no Judaísmo.

- A fraternidade universal, a ética das bem-aventuranças e a promoção da justiça e da paz, no Cristianismo.

- A irmandade dos humanos pela natureza comum, a prática da misericórdia e o reconhecimento das dádivas do Criador, no Islã.

A atual construção do saber, de enfoque holístico e interdisciplinar, admite esses valores e se debruça sobre o patrimônio antropológico, ético e pedagógico das religiões. Não só as Ciências da Religião fazem isto, mas também a Antropologia, a Sociologia e a Ecologia. Pois o patrimônio religioso – relido ao longo dos séculos – tem sido fonte de sabedoria e compêndio de um primeiro conhecimento ecológico, cujas premissas ainda perduram em muitos povos. A importância vital das águas e florestas, a observação dos astros e o fenômeno das estações fazem parte do conceito religioso de sagrado, influenciando as culturas, dos ritos à linguagem, das artes à culinária.

As expressões religiosas de conhecimento e valoração da natureza também fazem parte da busca de saberes essenciais da humanidade, no atual Terceiro Milênio. Especialmente quando tentamos nos situar adequadamente no mundo, inserindo-nos, dialogando e construindo, em vez de nos distanciar, nos isolar e nos destruir – destruindo também o meio ambiente.

Hoje, buscamos um saber que inclua a noção de mistério no tratar do cosmos, da vida e da natureza humana. Este saber – mais holístico – situa o mundo físico e biológico no horizonte de um "além de plenitude" que seja inspirador e educador para a humanidade:

> Somos originários do cosmos, da natureza, da vida; mas devido à própria humanidade, à nossa cultura, à nossa mente, à nossa consciência, tornamo-nos estranhos a este cosmos, que nos parece secretamente íntimo. Nosso pensamento e nossa consciência fazem-nos conhecer o mundo físico e distanciam-nos dele. O próprio fato de considerar racional e cientificamente o universo, nos separa dele. Desenvolvemo-nos além do mundo físico e vivo. É neste "além" que tem lugar a plenitude da humanidade.[1]

Nas últimas décadas, as religiões têm procurado reler suas próprias fontes e incluir cada vez mais a Terra e a natureza no horizonte

---

[1] MORIN, Edgar. *Os sete saberes necessários à educação do futuro*. São Paulo: Cortez; Brasília: Unesco, 2002. p. 51.

de transcendência, referindo-as à divindade criadora e à responsabilidade do agir humano. Fala-se de sacralidade da vida não mais como mitologia, mas como valor religioso e imperativo moral. Em muitos casos, a identidade confessional é colocada a serviço do bem humano, em geral, e do bem ecológico, em particular. As fontes textuais e as doutrinas são estudadas com enfoque ecológico, para que cada comunidade crente possa encontrar – na sua própria tradição – uma inscrição do cosmos e do lugar humano nele.[2]

Essa releitura ecológica das fontes atinge também o acervo das tradições orais que perduram na comunidade religiosa que narra, festeja, semeia, colhe, come, bebe e dança ritualisticamente, revivendo no corpo a sabedoria ancestral. É um uso respeitoso do patrimônio das religiões, além de necessário e vital para nosso quadro de crise ecológica. Desse modo, as religiões interpretam a condição terrena e cósmica da humanidade e nos levam a perceber que somos membros de uma comunidade planetária:

Nós, povos da Terra, nos alegramos pela beleza e maravilha do solo, dos céus, das águas e a vida em toda a sua diversidade. A Terra é nosso lar. Nós a partilhamos com todos os outros seres vivos.

Contudo, estamos tornando a Terra inabitável para a comunidade humana e para muitas espécies. O solo começa a se tornar improdutivo; os céus, sujos; as águas, envenenadas. O grito do povo cuja terra – meio de vida e saúde – está sendo destruída é ouvido em todo o mundo! A própria Terra está clamando para que despertemos.

Nós e todos os seres vivos dependemos da Terra e uns dos outros para nossa existência comum, bem-estar e desenvolvimento. O nosso futuro comum depende do reexame das nossas premissas mais fundamentais sobre a relação da humanidade com a Terra. Temos de desenvolver princípios e sistemas comuns para configurar o futuro, em harmonia com o planeta.

---

[2] Cf. MÉNDEZ, Inês Ibáñez. Medio ambiente: enfoque ético-religioso. *Revista crítica de ciencias sociales y jurídicas*. Disponível em: <http://www.ucm.es/info/nomadas/2/iimendez1.htm>. MAMAT, Mohd Nur. Developing knowledge ecology through religious understanding. Institute of Leadership and Quality Management. Disponível em: <http://www.ickm.upm.edu.my>. Também BENTO XVI, encíclica *Caritas in veritate* n. 48.

Os governos sozinhos não podem garantir a segurança ambiental. Como cidadãos do mundo, aceitamos a responsabilidade nas nossas vidas pessoais, ocupacionais e comunitárias, para proteger a integridade da Terra.[3]

Referências bibliográficas

MAÇANEIRO, Maçaneiro; MURAD, Afonso. *A espiritualidade como caminho e mistério*: os novos paradigmas. São Paulo: Loyola, 1999.

MAMAT, Mohd Nur. Developing knowledge ecology through religious understanding. Institute of leadership and quality management. Disponível em: <http://www.ickm.upm.edu.my>.

MÉNDEZ, Inês Ibáñez. Medio ambiente: enfoque ético-religioso. *Revista crítica de ciencias sociales y jurídicas*. Disponível em: <http://www.ucm.es/info/nomadas/2/iimendez1.htm>.

MISCHE, Patrícia; MERKLING, Melissa. *Desafio para uma civilização global*: diálogo de culturas e religiões. Lisboa: Instituto Piaget, 2001.

MORIN, Edgar. *Os sete saberes necessários à educação do futuro*. São Paulo: Cortez; Brasília: Unesco, 2002.

SOTER. *Sustentabilidade da vida e espiritualidade*. São Paulo: Paulinas, 2008.

---

[3] Preâmbulo da *Convenção da Terra* publicada pela Global Education Associates (GEA) e assinada por líderes religiosos de representação internacional.

2
Desenvolver a consciência ecológica de seus membros

Traçando as coordenadas cósmicas e terrenas do ser humano, as religiões cumprem uma função pedagógica: situam a pessoa "dentro" e "em relação" com o universo, o planeta; com a vida, enfim. Inserir as pessoas nesta relação é um processo educativo. A vida (mineral, vegetal, animal e sideral, com suas múltiplas imbricações) se afirma como peça irrenunciável do cenário religioso. Aliás, o cenário religioso é o próprio cenário vital, enquanto lugar de manifestação do sagrado. Assim, o religioso dimensiona o físico e o biológico, o terrenal e o sideral, o espacial e o cronológico, ampliando a percepção da realidade e ajudando o ser humano a "dizer-se" no mundo.

Nisto constatamos a irradiação numinosa do sagrado, que se mostra e se esconde nas coisas, inserindo-se e até superando a natureza, mas nunca a ignorando. Quando uma religião inclui neste cenário hierofânico o sujeito humano, educa-o à relação com o sagrado que, por sua vez, se manifesta na natureza. O sol, a lua e as constelações; as florestas, cavernas e montanhas; o voo da águia e a brandura do cordeiro; a semeadura e a colheita; o pão, o vinho e o mel; o óleo e o fogo que crepita: tudo isto é sagrado aos olhos do *homo religiosus*, porque tudo isto sustenta a vida presente e futura. Inserir-se na natureza, relacionando-se por ela com o Sagrado, é fonte de consciência e valoração da própria humanidade e das demais criaturas. Temos, assim, uma consciência ecológica de raiz "religiosa" – no duplo aspecto de religar imanência e transcendência (*religare*) e reler a realidade à luz do sagrado (*relegere*).

171

Muitos autores acreditam que esse olhar sagrado sobre si mesmo e a natureza contribui para o crescimento da consciência ecológica das pessoas. Diante do desmatamento, da escassez de água e do envenenamento do ar, a consciência religiosa pode converter-se em consciência ecológica. Quando um sujeito considera sagradas as florestas, supõe-se que mais se indignará com o desmatamento irracional. Quanto mais a água for sagrada para um povo, mais deverá ser mantida limpa.

Nas culturas, a religião informa a ecologia; a ecologia informa a religião. Pois a consciência ecológica de fundo religioso supõe uma oferta anterior da natureza à religião. É uma construção dialógica, em oferta recíproca: a natureza se oferece na sacralidade; a sacralidade se oferece na natureza. Nesse sentido, as concepções de sacralidade podem contribuir para que o ser humano participe responsavelmente do diálogo entre religião e natureza, como *hermeneuta* (sujeito que interpreta o sagrado na natureza), *parceiro* (que se põe do lado da vida, irmanado com as criaturas), ou *jardineiro* (que cultiva a vida pela aplicação diaconal de sua inteligência e habilidades).

Observamos ainda que a participação da pessoa nesse diálogo corresponde a uma antropologia, a uma visão de humanidade que existe *na, com* a *da* natureza (consciência antropológica), ainda que o ser humano se veja distinto das demais criaturas por sua racionalidade (consciência espiritual). Afinal, distinção significa peculiaridade (biológica, moral ou ontológica), mas não implica necessariamente divisão e muito menos oposição.[1] A distinção, em vez de nos isolar, esclarece justamente em que condições nós, humanos, nos relacionamos com o entorno vital: inserção consciente no mundo, cultivo do jardim da Terra, salvaguarda da biodiversidade, responsabilidade no uso e preservação, estabelecimento da justiça ambiental. As religiões ensinam:

> Quem não mata, nem faz matar; quem não oprime, nem permite opressão, mostra amor a todos os seres e não teme de ninguém a inimizade (Itivutaka, 27).

---

[1] MORIN, Edgar. *Os sete saberes necessários à educação do futuro*. São Paulo: Cortez; Brasília: Unesco, 2002. p. 76.

Na medida em que o ser humano se assemelha aos céus e à terra, não se põe em contradição com eles (Xicen III, 3).

Se não houver folha, não há vida (Culto dos orixás).

Deus tomou o homem e o colocou no jardim do Éden para o cultivar e o guardar (Gn 2,15).

Durante seis anos semearás o teu campo; durante seis anos podarás a tua vinha e recolherás os produtos dela. Mas no sétimo ano a terra terá seu repouso sabático, um sábado para o Senhor Deus: não semearás o teu campo e não podarás a tua vinha, não ceifarás as tuas espigas, que não serão reunidas em feixes, e não vindimarás as tuas uvas das vinhas, que não serão podadas. Será para terra um ano de repouso (Lv 25,3-5).

Assim se comportam os servos do Misericordioso: eles pisam a terra com humildade (Alcorão: Sura 25,63).

[Os servos do Misericordioso], no seu gastar, não são nem esbanjadores, nem avarentos: o equilíbrio está no meio-termo (Alcorão: Sura 25,67).

As religiões trazem consigo uma antropologia de tipo ecorreligioso, pois inserem o ser humano no diálogo entre o sagrado e a natureza, definindo qual seria o seu lugar e sua responsabilidade *entre, com* e *diante* das criaturas. Isto se verifica nas religiões abraâmicas (Francisco de Assis, Talmud, Alcorão), nas tradições hindo--orientais (Brahman, Krishna, Buda) e nos cultos afro-brasileiros (orixás da natureza).[2]

Com esse patrimônio antropológico e doutrinal, as religiões têm condições de investir mais e melhor na educação ambiental, a começar de seus próprios seguidores. Ao lado das escrituras sagradas e dos ritos, elas dispõem ainda de muitos instrumentos midiáticos e institucionais: igrejas, mesquitas, templos, centros culturais, editoras, sites, redes de rádio e televisão, escolas e universidades.

---

[2] Cf. BOFF, Leonardo. *Ecologia*: grito da terra, grito dos pobres. Rio de Janeiro: Sextante, 2004; MAÇANEIRO, Marcial; MURAD, Afonso. *A espiritualidade como caminho e mistério*: os novos paradigmas. São Paulo: Loyola, 1999.

Além disso, os valores convergentes ou consensuais (dignidade humana, reconhecimento da natureza como dádiva, primado do bem comum) permitem que a ecologia faça parte da agenda inter--religiosa, em nível local, nacional e internacional:

> Pois o diálogo inter-religioso, além de seu caráter teológico, tem significado especial na construção da nova humanidade: abre caminhos inéditos de testemunho cristão, promove a liberdade e dignidade dos povos, estimula a colaboração para o bem comum, supera a violência motivada por atitudes religiosas fundamentalistas, educa para a paz e para a convivência cidadã.[3]

Assim, a consciência ecológica dos sujeitos e comunidades crentes ajuda a estabelecer um *éthos* mundial, conforme expressão de Hans Küng:

> Não haverá paz entre as nações, se não houver paz entre as religiões. Não haverá paz entre as religiões, se não houver diálogo entre as religiões. Não haverá diálogo entre as religiões, se não houver padrões éticos globais. Nosso planeta não irá sobreviver, se não houver um *éthos* global, uma ética para o mundo inteiro.[4]

Referências bibliográficas

BOFF, Leonardo. *Ecologia*: grito da terra, grito dos pobres. Rio de Janeiro: Sextante, 2004.

CELAM. *Documento de Aparecida*. Brasília: Edições CNBB, 2007.

KÜNG, Hans. *Religiões do mundo*: em busca de pontos comuns. Campinas: Verus Editora, 2004.

MAÇANEIRO, Marcial; MURAD, Afonso. *A espiritualidade como caminho e mistério*: os novos paradigmas. São Paulo: Loyola, 1999.

MORIN, Edgar. *Os sete saberes necessários à educação do futuro*. São Paulo: Cortez; Brasília: Unesco, 2002.

SOTER. *Sustentabilidade da vida e espiritualidade*. São Paulo: Paulinas, 2008.

---

[3] *Documento de Aparecida*, n. 239.
[4] KÜNG, Hans. *Religiões do mundo*. Campinas: Verus Editora, 2004. p. 17.

3
Participar da elaboração de uma epistemologia ambiental

O debate sobre o conhecimento humano e os métodos científicos tem crescido na direção da chamada "epistemologia complexa".[1] Nesta direção convergem os ensaios interdisciplinares, o diálogo entre Ciências Humanas e Ciências Naturais e o encontro das várias esferas de realização do *humanum* com seus saberes: Arte, Direito, Ética, Comunicação, Psicologia, Sociologia, Religião. Busca-se superar a fragmentação do conhecimento em partes estanques, bem como corrigir certas tendências de cisão entre a humanidade e a natureza. Alguns autores, como Edgar Morin, têm feito uma revisão geral da epistemologia e suas pretensões.[2]

A partir desse debate vão se delineando os contornos de uma epistemologia ecológica: fundamentos, métodos e imbricações da Ecologia enquanto Ciência, que explicite o que sabemos (e o que não sabemos) sobre o círculo Humanidade – Natureza – Sociedade.

Edgar Morin opina que "a ciência ecológica necessitará de um pensamento organizador, mas que ultrapasse os princípios da organização estritamente física".[3] Outro pesquisador, Pierre Dansereau, tem reclamado a construção de uma epistemologia ecológica que inclua a ética e o princípio da síntese: "as ciências do meio ambiente estão à procura de uma nova síntese do saber e de uma nova pres-

---

[1] Cf. MORIN, Edgar. *Science avec conscience*. Paris: Fayard, 1982. Dele também: *O problema epistemológico da complexidade*. Lisboa: Europa-América Publicações, 1984. BOCCHI, Giancarlo; CERUTI, Mauro. *La sfida della complessità*. Milano: Feltrinelli, 1985.

[2] Cf. MORIN, Edgar. *Introduction à la pensée complexe*. Paris: ESF, 1990. CERUTI, Mauro; BOCCHI, Giancarlo; MORIN, Edgar. *Un nouveau commencement*. Paris: Seuil, 1991.

[3] PENA-VEJA, Alfredo. *O despertar ecológico*. Rio de Janeiro: Garamond, 2005. p. 38.

crição cujo princípio será mais ecológico do que econômico e mais ético do que científico".⁴ De seu lado, Alfredo Pena-Vega assume e desenvolve as perspectivas de Edgar Morin: ele vê a Ciência Ecológica como construção e percepção complexas; um conhecimento inclusive crítico, pois coloca "em xeque" nossas coordenadas gnosiológicas, nossa delimitação das Ciências e nosso comportamento. Afinal, a concepção tecnicista do progresso e o consumismo se refletem na exploração desordenada da natureza, na produção de toneladas de lixo por hora e no acúmulo de bens nas mãos de poucos. Tudo isso é ao mesmo tempo injusto, danoso e irracional. Para consertar tal situação, projetamos uma nova gestão, a partir de um novo saber bioecológico.

Na opinião de Alfredo Pena-Vega, os dados da Biologia, Psicologia e Física participam da elaboração da epistemologia ecológica, desde que todos se disponham a rever seus paradigmas com disposição intelectiva e avaliação dos métodos. O autor diz também que admitir os limites do saber é uma oportunidade de conhecimento. Isto significa que o "mistério" (o ignoto, o limítrofe, o não sabido) também constitui a *realidade* e as abordagens que a tentam decifrar:

> Lembremo-nos de que a epistemologia da complexidade [aplicada à ecologia] não deve ser vista como uma espécie de catálogo no qual se acumulariam, por justaposição, todos os conhecimentos: físico, biológico, lógico, psicológico, psicanalítico, etc. Ao contrário, ela deve ser considerada como um princípio de complexificação do nosso próprio conhecimento, que introduz, em todas essas consciências, a consciência das condições bioantropológicas, socioculturais ou nosológicas do conhecimento. Em outras palavras: o conhecimento que traduz a complexidade dos fenômenos deve reconhecer a existência dos seres e interrogar-se sobre o mistério do real.⁵

Esse "mistério do real" tem sido abordado também pelas religiões, com chaves interpretativas e narrativas próprias e, em alguns pontos, complementares. O olhar religioso vai além do empírico e se

---

⁴ DANSEREAU, Pierre. Ecologia humana. Apud RIBEIRO, Mauricio Andrés. *Ética e sustentabilidade*. Disponível em: <http://www.ecologizar.com.br>.
⁵ PENA-VEJA, op. cit., p. 41.

abre à intuição do *mistério*, acolhido como percepção de beleza, sentido e transcendência. Esses elementos se inscrevem no cosmos e são decifrados pelo espírito humano. Daqui brotam os mitos ordenadores do caos e explicadores do dinamismo da vida, e os códigos de conduta que orientam as relações entre as pessoas, destas com a divindade e, enfim, com as demais criaturas. Temos, aqui, elementos hermenêuticos (interpretação do mundo) e morais (princípios de conduta) preservados pelas religiões e ainda ativos no comportamento atual.

Também Enrique Leff aponta para uma nova abordagem da natureza em que seja possível o diálogo com a religião (ao menos em nível de princípio). Mirando a uma nova epistemologia ambiental, ele cita a convergência de saberes num "sistema holístico" e a capacidade unificadora do "pensamento simbólico". O olhar holístico e a abordagem simbólica da realidade são características da cosmovisão religiosa, porém muitas vezes desqualificadas do ponto de vista científico. Leff propõe, então, que se reveja o que tem sido considerado "científico", para depois reexaminar o que seja "conhecimento". Investiga os diferentes "saberes" e procura recuperar a dignidade epistemológica do patrimônio simbólico, mítico e ritual dos povos:

> O saber ambiental reconhece as identidades dos povos, suas cosmologias e saberes tradicionais como parte de suas formas culturais de apropriação do seu patrimônio de recursos naturais. Assim, inscrevem-se dentro dos interesses diversos que constituem o campo conflitivo do ambiental. Emergem daí novas formas de subjetividade na produção de saberes, na definição dos sentidos da existência e na qualidade de vida dos indivíduos, em diversos contextos culturais. Nesse sentido, mais que reforço da racionalidade científica prevalecente, o saber ambiental impulsiona novas estratégias conceituais para construir uma nova racionalidade social.[6]

A busca de "novas estratégias conceituais" abre uma importante brecha de participação das religiões, com suas cosmologias e interpretações sobre o sentido da vida e o lugar do ser humano no mundo. Também o *éthos* e a *racionalidade simbólica* das religiões

---

[6] LEFF, Enrique. *Epistemologia ambiental*. São Paulo: Cortez, 2006. p. 169.

podem contribuir para a construção dessa "nova racionalidade social" mencionada por Enrique Leff.

Referências bibliográficas

BOCCHI, Giancarlo; CERUTI, Mauro. *La sfida della complessità*. Milano: Feltrinelli, 1985.
CERUTI, Mauro; BOCCHI, Giancarlo; MORIN, Edgar. *Un nouveau commencement*. Paris: Seuil, 1991.
DANSEREAU, Pierre. Ecologia Humana. Apud RIBEIRO, Mauricio Andrés. *Ética e sustentabilidade*. Disponível em: <http://www.ecologizar.com.br>.
LEFF, Enrique. *Epistemologia ambiental*. São Paulo: Cortez, 2006.
MORIN, Edgar. *Introduction à la pensée complexe*. Paris: ESF, 1990.
_____. *O problema epistemológico da complexidade*. Lisboa: Europa-América Publicações, 1984.
_____. *Science avec conscience*. Paris: Fayard, 1982.
PENA-VEGA, Alfredo. *O despertar ecológico*. Rio de Janeiro: Garamond, 2005.

4
Promover a ética ecológica

As religiões (de cunho profético, místico ou sapiencial) oferecem chaves hermenêuticas sobre o mundo e a condição humana; constroem sentido existencial; inserem o ser humano no cosmos; propõem valores; norteiam condutas. Antes da emancipação histórica da Ética, do Direito e das Artes, as religiões se ocupavam (como em parte ainda se ocupam) das esferas moral, jurídica e estética. Hoje, a sociedade se setorizou e o sujeito é nutrido por várias fontes, professando ou não determinado credo.

Contudo, as religiões não podem renunciar à sua responsabilidade pela vida, pelo mundo – que perdura, aprimora-se e é convidada a reler-se no curso da História. Muitos líderes acreditam que as religiões podem ser parceiras valiosas na promoção de uma ética ecológica, de nível triplo: pessoal, comunitária e global.[1] Vejamos algumas posições:

> A capacidade de pensar racionalmente e a capacidade de expressar-se através da fala elevam o homem acima de seus amigos mudos [os demais seres naturais]. Mas, em busca do sossego, da comodidade e da segurança, com excessiva frequência o homem emprega meios inadequados, ou mesmo brutais e repulsivos. Quando por motivos egoístas se cometem crueldades desumanas, quando se maltrata o próximo ou os animais, estamos diante de comportamentos inteiramente inadequados à posição e à capacidade evolutiva do homem. Infelizmente, esses

---

[1] Além de Leonardo Boff, Pierre Dansereau, Edgar Morin, Bernhard Haering e o Dalai Lama, já citados, acrescentamos: KÜNG, Hans. *Projeto de ética mundial*. São Paulo: Paulinas, 2001; BARROS, Marcelo. *O sonho da paz*. Petrópolis: Vozes, 1995; HAERING, Bernhard; SALVOLDI, Valentino. *Tolerância*: por uma ética de solidariedade e paz. São Paulo: Paulinas, 1995. Al GORE. *A Terra em balanço*: ecologia e o espírito humano. São Paulo: Gaia, 2008.

comportamentos quase fazem parte da ordem do dia. Atos insensatos deste tipo apenas trazem sofrimentos para a própria pessoa e para os outros. Para nós que nascemos como seres humanos, é de vital importância exercermos benevolência e realizarmos ações meritórias para nosso próprio proveito e para o proveito dos outros, nesta vida e em vidas futuras. [...] Aqueles que seguem a senda [do budismo] mahayana são aconselhados não somente a evitar um comportamento prejudicial, mas também a desenvolver um intenso sentido de compaixão. Isto traz consigo um grande desejo de salvar todos os seres sensíveis de suas dores e sofrimentos (*Dalai Lama*, Budismo).[2]

Reduzir completamente a natureza a um conjunto de simples dados reais acaba por ser fonte de violência contra o meio ambiente e até por motivar ações que desrespeitam a própria natureza do homem. Esta, constituída não só de matéria, mas também de espírito – e, como tal, rica de significados e de fins transcendentes a alcançar –, tem um caráter normativo também para a cultura. O homem interpreta e modela o ambiente natural através da cultura, a qual, por sua vez, é orientada por meio da liberdade responsável, atenta aos ditames da lei moral. Por isso, os projetos para um desenvolvimento humano integral não podem ignorar os vindouros, mas devem ser animados pela solidariedade e a justiça entre as gerações, tendo em conta os diversos âmbitos: ecológico, jurídico, econômico, político e cultural (*Papa Bento XVI*, Cristianismo).[3]

A manutenção de um ambiente limpo é o dever cívico fundamental dos crentes que devem contribuir para o controle da poluição e para um ambiente mais saudável. O profeta [Muhammad] encorajou a plantação de árvores, a preservação e conservação de recursos, o uso cuidadoso da água e de outros recursos ambientais, e a segurança no ambiente quando ele descreveu atos como a remoção de um objeto perigoso do caminho das pessoas, como caridade merecedora da recompensa de *Allah*. Contudo, o princípio do equilíbrio e da moderação continua a ser fundamental nos ensinamentos islâmicos. [...] Os humanos têm a vice-regência de Deus na terra (Sura 2,30). Por conseguinte, são responsáveis pela proteção e preservação daquilo que lhes foi confiado

---

[2] Dalai Lama, apud BOFF, Leonardo. *Princípio da compaixão e cuidado*. Petrópolis: Vozes, 2001. pp. 59-60.

[3] BENTO XVI, encíclica *Caritas in veritate*, n. 48.

por Deus. Toda a vida deve ser respeitada, de modo que não deve haver caça, ou matança de animais ou a sua manutenção em cativeiro para prazer e lucro. Deve evitar-se o desperdício e também o uso excessivo de recursos (*Saleha Mahmud-Abedin*, Islã).[4]

Em diálogo com as ciências, a sociedade e os governos, as religiões podem oferecer critérios de valia moral e espiritual que reeduquem as pessoas ao cuidado da natureza – dom do Criador. Sabemos que o risco de desaparecimento da vida no Planeta é real e até crescente: a água escasseia, as espécies se extinguem, a poluição aumenta, a temperatura global se eleva. Além dos possíveis fatores naturais ou geológicos, tal crise tem agravantes sérios de nossa parte: exploramos sem replantar, descartamos sem reciclar, consumimos sem partilhar. Há desperdícios e má gestão em muitos setores. Tal situação nos obriga a rever nossos padrões de progresso, nossas práticas de gestão, nossos hábitos de consumo e a exclusão social decorrente. Pierre Dansereau é enfático:

> A maior catástrofe ecológica tem a ver com a tendência ao recolhimento no âmbito confortável da nossa própria prosperidade, através da nossa obstinação em perpetuar o elevado nível de vida que já alcançamos. Se não formos capazes de romper esta concha, de atenuar a pressão deste torno compressor e de ajudar as outras nações, estaremos – nós mesmos – simplesmente condenados! [...] Para além do progresso tecnológico e das coações econômicas, como tomar decisões que estejam à altura deste desafio moral? Pois tem-se falado muito em combater a poluição (sem rebaixar, entretanto, o nível de vida dos ricos!); e ao mesmo tempo não se tem encarado com a devida intensidade a linha de continuidade que associa a poluição à pobreza, à ignorância, à injustiça social. Um mundo realmente novo deverá ser capaz de contemplar, face a face, a necessidade de se definir a crise planetária em suas dimensões morais, para além da análise científica e ecológica do abuso dos recursos da Terra.[5]

---

[4] MAHMUD-ABEDIN, Saleha, apud MISCHE, Patrícia; MERKLING, Melissa (Org.). *Desafio para uma civilização global*: diálogo de culturas e religiões. Lisboa: Instituto Piaget, 2001. p. 325.

[5] DANSEREAU, Pierre. Ecologia humana. In: RIBEIRO, Mauricio Andrés. *Ética e sustentabilidade*. Disponível em: <http://www.ecologizar.com.br>.

A dimensão moral foi apontada também por João Paulo II, na esperança de corrigir comportamentos e consolidar uma noção de desenvolvimento integral e sustentável:

O caráter moral do desenvolvimento também não pode prescindir do respeito pelos seres que formam a natureza visível, a que os gregos, aludindo precisamente à *ordem* que a distingue, chamavam de "cosmos". Também estas realidades exigem respeito, em virtude de três considerações sobre as quais convém refletir atentamente:

- A primeira refere-se às vantagens de tomar ainda mais consciência de que não se pode, impunemente, fazer uso das diversas categorias de seres, vivos ou inanimados (animais, plantas e elementos da natureza) como se quiser, em função das próprias exigências econômicas. Pelo contrário, é preciso ter em conta a natureza de cada ser e as ligações mútuas entre todos, num sistema ordenado, como é exatamente o cosmos.

- A segunda consideração se fundamenta, por sua vez, na convicção – eu diria premente! – de que os recursos naturais são limitados; alguns dos quais não são nem mesmo renováveis. Usá-los como se fossem inexauríveis, com absoluto domínio, põe em perigo seriamente a sua disponibilidade, não só para a geração presente, mas sobretudo para as gerações futuras.

- A terceira consideração se relaciona diretamente com as consequências que certo tipo de desenvolvimento tem, quanto à qualidade de vida nas áreas industrializadas. Todos nós sabemos que, como resultado direto ou indireto da industrialização, ocorre cada vez com mais frequência a contaminação do ambiente, com graves consequências para a saúde da população.

Portanto, é evidente que o desenvolvimento e a vontade de planificação que o orienta, assim como o uso dos recursos e a maneira de consumi--los, não podem estar separados do respeito das exigências morais. Uma destas impõe limites, sem dúvida, ao uso da natureza visível. O domínio conferido ao homem pelo Criador não é um poder absoluto, nem se pode falar de liberdade de "usar e abusar" ou de dispor das coisas como melhor agrade. A limitação imposta pelo mesmo Criador, desde o princípio – simbolicamente expressa pela proibição de "comer o fruto da árvore" (Gn 2,16-17) –, mostra com clareza que, nas relações com a natureza, nós estamos submetidos a leis, não só biológicas, mas também morais, que não podem impunemente ser transgredidas.[6]

***

Fundamentalmente, a ética ecológica quer superar a divisão radical entre *humanidade* e *natureza* – com a primeira dominando o meio ambiente pela crescente tecnicização, e a segunda separando--se na direção de uma preservação sem nenhuma incidência humana, como se o homem não fizesse parte, também ele, da natureza. Essa cisão conduz a extremos de mútua negação entre natureza e humanidade, esquecendo o princípio fundamental de que "todo o homem está na natureza, e toda a natureza está no homem".[7]

Desde os anos 1990, representantes de várias religiões somam sua assinatura à *Convenção da Terra* – um tratado dos cidadãos para a segurança ecológica comum. Seus parâmetros servem de exemplo de como as religiões contribuem para a ética ecológica:

Relação com a Terra – Todas as formas de vida são sagradas. Cada ser humano é uma parte única e integral da comunidade de vida da Terra e tem uma responsabilidade especial para cuidar da vida em todas as suas diversas formas. *Por conseguinte*: agiremos e viveremos de modo a preservar os processos da vida natural da Terra e a respeitar todas as espécies e os seus hábitats. Trabalharemos para evitar a degradação ecológica.

Relação com os outros – Cada ser humano tem o direito a um ambiente saudável e a ter acesso aos frutos da Terra. Cada um também tem o dever contínuo de trabalhar para a realização desses direitos para as gerações presentes e futuras. *Por conseguinte*: interessados em que todas as pessoas tenham comida, abrigo, ar puro, água potável, educação e emprego – e tudo o que seja necessário para desfrutar de toda a dimensão dos direitos humanos –, trabalharemos por um acesso mais justo aos recursos da Terra.

Relação entre economia e segurança ecológica – Como a vida humana se baseia nos processos naturais da Terra, o desenvolvimento econômico, para que seja sustentado, deve preservar os sistemas de apoio à vida da

---

[6] JOÃO PAULO II, encíclica *Sollicitudo rei socialis*, n. 34.
[7] MORIN, Edgar, apud PENA-VEJA, Alfredo. *O despertar ecológico*. Rio de Janeiro: Garamond, 2005. p. 71.

Terra. Por conseguinte: usaremos tecnologias protetoras do ambiente e promoveremos a sua disponibilidade às pessoas em todas as partes da Terra. Quando houver dúvidas sobre as consequências dos objetivos econômicos e das tecnologias sobre o ambiente, permitiremos uma margem extra para proteger a natureza.

Governança e segurança ecológica – A proteção e a melhoria da vida na Terra exigem sistemas legislativos, administrativos e judiciais adequados, nos níveis local, regional, nacional e internacional. Para serem eficazes, esses sistemas precisam ter poder, ser participativos e estar baseados no acesso à informação. *Por conseguinte*: trabalharemos pela promulgação de leis que protejam o ambiente e promovam a sua observância através da ação educativa, política e legal. Avançaremos com políticas de prevenção, em vez de apenas reagirmos aos danos ambientais.[8]

Referências bibliográficas

BENTO XVI. *Caritas in veritate*. São Paulo: Paulinas, 2009. (A Voz do Papa, 193.)
BOFF, Leonardo. *Princípio da compaixão e cuidado*. Petrópolis: Vozes, 2001.
HAERING, Bernhard; SALVOLDI, Valentino. *Tolerância*: por uma ética de solidariedade e paz. São Paulo: Paulinas, 1995.
JOÃO PAULO II. *Sollicitudo rei socialis*. São Paulo: Paulinas, 1988. (A Voz do Papa, 117).
KÜNG, Hans. *Projeto de ética mundial*. São Paulo: Paulinas, 2001.
LEFF, Enrique. *Epistemologia ambiental*. São Paulo: Cortez, 2006.
MAHMUD-ABEDIN, Saleha. Islão e governação global. In: MISCHE, Patrícia; MERKLING, Melissa (Org.). *Desafio para uma civilização global*: diálogo de culturas e religiões. Lisboa: Instituto Piaget, 2001.
MORIN, Edgar. *Os sete saberes necessários à educação do futuro*. São Paulo: Cortez; Brasília: Unesco, 2002.
PENA-VEGA, Alfredo. *O despertar ecológico*. Rio de Janeiro: Garamond, 2005.

---

[8] *Convenção da Terra*, apud MISCHE, Patrícia; MERKLING, Melissa (Org.). *Desafio para uma civilização global*, cit., pp. 454-455.

5
Dialogar conjuntamente sobre questões ecológicas

Edgar Morin preconiza a tolerância proativa, cultural e consciente – virtude que nos possibilita praticar a compreensão e a ética planetárias. A tolerância é um aprendizado que inclui, num de seus graus, nossas ideias religiosas: "mitos, ideologias, ideias ou deuses".[1] O "caminho da compreensão é um processo longo de amadurecimento, do qual participam também as religiões, do *Avesta* aos *Upanishads*, da arte africana aos místicos do Islã, do pensamento do Tao ao Budismo".[2] Essas heranças se tornaram "fontes vivas para a alma ocidental" e hoje nos convidam a "salvaguardar, regenerar e propagar o melhor de sua cultura" para, enfim, se chegar à "compreensão entre culturas".[3]

É clara a alusão às religiões, sobretudo ante as urgências mundiais como a justiça, a paz e a ecologia. Focadas exatamente neste tríplice compromisso – justiça, paz e salvaguarda da criação –, as Igrejas Cristãs reunidas na *Assembleia Ecumênica de Seul* afirmaram:

> Consideramos a vida como sagrada, porque a criação pertence a Deus e sua bondade a permeia completamente. Em verdade, todas as formas de vida no mundo – das gerações presentes às futuras – estão em perigo, porque a humanidade não foi capaz de amar a vida da terra; em particular os ricos e potentes a têm saqueado como se ela tivesse sido

---

[1] MORIN, Edgar. *Os sete saberes necessários à educação do futuro*. São Paulo: Cortez; Brasília: Unesco, 2002. p. 102.
[2] Ibid., p. 104.
[3] Ibid.

criada para fins egoístas. A amplitude da devastação apresenta riscos de irreversibilidade e, portanto, nos impele a agir com urgência.[4]

Quando comprometidas com a causa ambiental, as religiões oferecem um cenário promissor para o diálogo entre Ecologia da Natureza e Ecologia do Homem: seu patrimônio místico, seus valores, sua força de convocação, com núcleos distribuídos nas cidades, países e continentes, possibilitam avançar neste sentido. Há muitos fóruns, organizações e institutos em que a ecologia é assunto da pauta inter-religiosa. Alguns exemplos.

a) Em nível de religiões mundiais

- Encontro Inter-religioso de Assis (*Interreligious Meeting of Assisi*), Itália, 1986, patrocinado pelo WWF – Fundo Mundial para a Natureza (*World Wildlife Fund*).

- Fórum Global de Líderes Espirituais e Governamentais (*Global Forum of Spiritual and Parliamentary Leaders*) sobre questões ambientais. Realizados em Oxford (1988), Moscou (1990), Rio de Janeiro (1992) e Kyoto (1993).

- Ética Global de Cooperação das Religiões para as Questões Humanas e Ambientais (*Global Ethics of Cooperation of Religions on Human and Environmental Issues*), encontro promovido pelo Parlamento Mundial das Religiões (*The Parliament of World Religions*), Chicago, 1993.

- Parlamento das Religiões Mundiais (*The Parliament of World Religions*) sobre questões ambientais, com edições em Capetown e Barcelona, 1994.

- Seminário sobre Meio Ambiente, Cultura e Religião (*Seminar on Environment, Culture and Religion*), Teerã, 2001, patrocinado pelo Governo do Irã com apoio do Programa das Nações Unidas para o Meio Ambiente (UNEP).

---

[4] ASSEMBLEA ECUMENICA MONDIALE DI SEOUL. Verso la solidarietè dell'alleanza per la giustizia, la pace e la salvaguardia del creato. *Enchiridion Oecumenicum*, Bologna: EDB, v. 5, p. 1553, 2001.

- Simpósio Internacional sobre Religião, Ciência e Meio Ambiente (*International Symposium on Religion, Science and the Environment*), sobre gestão de recursos hídricos na Europa e nos países do Ártico, liderado pelo patriarca de Constantinopla, Sua Santidade Bartolomeu I.

- Simpósio Internacional sobre as Religiões e a Água, Amazonas (Brasil), 2005, liderado pelo patriarca de Constantinopla, Sua Santidade Bartolomeu I, com participação do Conselho Mundial de Igrejas, Pontifício Conselho para o Diálogo Inter-religioso, Pontifícia Comissão de Justiça e Paz, Nações Unidas, líderes religiosos e governantes.

- Parlamento Mundial das Religiões (*The Parliament of World Religions*): Assembleia 2009, com o tema "Ouvir uns aos outros e curar a Terra"; Melbourne, 2009.

- União Internacional para a Conservação da Vida (*The International Union for the Conservation*) realizou painel internacional sobre "Espiritualidade e Conservação da Vida" no *World Conservation Congress*, que tratou dos efeitos da emissão de carbono na atmosfera e da necessidade de sua redução; Barcelona, 2009.

b) Em nível de governança global

- Cruz-Verde Internacional para Emergências Ambientais (*International Green Cross for Environmental Emergencies*), com líderes como Dalai Lama, Mikhail Gorbachev e diplomatas; Moscou, 1992.

- Diálogo Planetário sobre Globalização: Seria a Ética o elo perdido? (*Earth Dialogues on Globalization: "Is Ethics the Missing Link?"*). Realizado em Lyon, 2002; Barcelona, 2004; Brisbane, 2006.

- Meio Ambiente, Paz e Diálogo de Civilizações e Culturas (*Environment, Peace and the Dialogue of Civilizations and Cultures*). Realizado em Teerã, 2005, com patrocínio do Governo iraniano e apoio do Programa das Nações Unidas para o Meio Ambiente (UNEP).

c) Em nível de Igrejas Cristãs

- Assembleia Ecumênica Mundial de Seul com o tema "Justiça, Paz e Salvaguarda da Criação" (1990); promovida pelo Conselho Mundial de Igrejas, com representação do Programa das Nações Unidas para o Meio Ambiente (UNEP) e da Organização das Nações Unidas para a Educação, Ciência e Cultura (Unesco).

- Assembleia Ecumênica de Camberra com o tema "Vem, Espírito Santo, e renova toda a criação" (1991), com propostas para economia, educação e governança mundial.

- Congresso "Espiritualidade e Sustentabilidade", promovido pela Sociedade de Teologia e Ciências da Religião (Soter); Belo Horizonte, 2008.

- Como constata Al Gore, "as religiões contemporâneas têm muito a dizer sobre a relação entre a humanidade e a terra".[5]

Referências bibliográficas

ASSEMBLEA ECUMENICA MONDIALE DI SEOUL. Verso la solidarietà dell'alleanza per la giustizia, la pace e la salvaguardia del creato. *Enchiridion Oecumenicum*, Bologna: EDB, v. 5, pp. 1541-1575, 2001.

BARROS, Marcelo. *O sonho da paz*. Petrópolis: Vozes, 1995.

CONSLIGLIO ECUMENICO DELLE CHIESE. VII Assemblea – Spirito Santo, rinnova l'intero creato. *Enchiridion Oecumenicum*, Bologna: EDB, v. 5, pp. 1029-1150, 2001.

GORE, Al. *A Terra em balanço*: ecologia e o espírito humano. São Paulo: Gaia, 2008.

---

[5] Al GORE. *A Terra em balanço*: ecologia e o espírito humano. São Paulo: Gaia, 2008. p. 223.

GUERREIRO, Silas. *O estudo das religiões*. 2. ed. São Paulo: Paulinas, 2004.

HAERING, Bernhard; SALVOLDI. Valentino. *Tolerância*: por uma ética de solidariedade e paz. São Paulo: Paulinas, 1995.

KÜNG, Hans. *O princípio de todas as coisas*. 2. ed. Petrópolis: Vozes, 2009.

_____. *Religiões do mundo*. Campinas: Verus, 2004.

_____. *Projeto de ética mundial*. São Paulo: Paulinas, 2001.

SOTER. *Sustentabilidade da vida e espiritualidade*. São Paulo: Paulinas, 2008.

6
Agir conjuntamente pela causa ecológica

Agir é o desdobramento consequente do diálogo proposto anteriormente. Mas há também casos emergenciais, em que o agir antecede o diálogo: situações críticas; estratégias humanitárias; encontros de articulação entre líderes e projetos; ações solidárias em caso de calamidades, guerras ou exclusão social. Dentre dezenas de projetos, citamos:

- *The Alliance of Religions and Conservations* (ARC): Aliança Religiões e Preservação Ambiental, na Inglaterra.

- *The National Religious Partnership for the Environment* (NRP): Parceria Nacional das Religiões pelo Meio Ambiente, nos EUA.

- *Forum on Religion & Ecology* (FR&E): Fórum sobre Religião e Ecologia, coordenado pelos professores Mary E. Tucker e John A. Grim, Yale University.

- *Annual Environmental Sabbath* (AES): Ano Sabático Ambiental, EUA e Canadá, inspirado no repouso da terra de Levítico 25,2-7; envolve comunidades judaicas e cristãs, com apoio do Programa das Nações Unidas para o Meio Ambiente (UNEP).

- *Global Education Associates* (GEA): Associação para a Educação Global, sediado nos EUA, promove o diálogo de culturas e civilizações para a paz e a sustentabilidade.

- Projeto "Água como bem público e direito humano" do Conselho Nacional de Igrejas Cristãs do Brasil (CONIC), assumido posteriormente pelo Conselho Ecumênico da Suíça; lançado em 2008.

O engajamento das religiões em benefício do meio ambiente e da biodiversidade é compromisso firmado pelo Parlamento Mundial das Religiões:

> A pessoa humana é infinitamente preciosa e precisa ser protegida a todo custo. Mas também a vida dos animais e das plantas, que povoam conosco este planeta, merece proteção, respeito e cuidado. A exploração desenfreada dos recursos vitais da natureza, a destruição brutal da biosfera, a militarização do cosmos, é um crime. Como pessoas humanas nós temos – em consideração, precisamente, com as gerações futuras – uma responsabilidade especial pelo planeta Terra e o cosmos, o ar, a água e o solo. Neste cosmos, nós todos estamos interligados uns com os outros e dependemos uns dos outros. O bem de cada um depende do bem do todo. Por isso é válido dizer: não é a dominação do homem sobre a natureza e o cosmos que deve ser alardeada, mas a comunhão com a natureza e o cosmos que deve ser cultivada. Conforme o espírito de nossas grandes tradições religiosas e éticas, sermos verdadeiramente humanos significa sermos cuidadosos e solícitos; e isto tanto na vida privada como na vida pública.[1]

As iniciativas são muitas e tendem a crescer. Contudo, diante da crise ambiental a ação das religiões no que tange à ecologia poderia ser mais incisiva e articulada do que tem sido até o momento. Esta não é só uma expectativa, mas uma possibilidade a consolidar, com base no acervo de valores e no potencial de mobilização das religiões. As estratégias se distribuem em diferentes campos:

- educação de atitudes;
- treinamento de agentes ambientais;
- difusão de práticas preventivas (princípio da precaução);
- parcerias com sociedade, governo e outras religiões;
- presença pública em prol do meio ambiente;
- criação de organismos consultivos e mobilizadores;
- difusão da justiça ambiental;
- reivindicação perante órgãos públicos e privados;

---

[1] Declaração sobre o *Éthos* Mundial – Parlamento Mundial das Religiões.

- promoção da "espiritualidade ecológica";
- veiculação midiática de valores e informações;
- articulação de campanhas.

Referências bibliográficas

GORE, Al. *A Terra em balanço*: ecologia e o espírito humano. São Paulo: Gaia, 2008.

HAERING, Bernhard; SALVOLDI, Valentino. *Tolerância*: por uma ética de solidariedade e paz. São Paulo: Paulinas, 1995.

KÜNG, Hans. *Projeto de ética mundial*. São Paulo: Paulinas, 2001.

MISCHE, Patrícia; MERKLING, Melissa (Org.). *Desafio para uma civilização global*: diálogo de culturas e religiões. Lisboa: Instituto Piaget, 2001.

SOTER. *Sustentabilidade da vida e espiritualidade*. São Paulo: Paulinas, 2008.

7
Reencantar a natureza

"Reencantar" a natureza não significa mergulhar o mundo novamente na mitologia, nem assumir uma postura mágica em relação às forças da natureza. Isto poderia ser atraente do ponto de vista psicológico-simbólico, mas cairia numa postura ingênua e pouco incidente diante dos fatores políticos, econômicos, técnicos e gerenciais relativos ao meio ambiente. Em geral, a proposta de "reencantar" a natureza se move em duas perspectivas:

a) *Relação sagrada com a natureza* inspirada no patrimônio das religiões, com base nos seguintes valores: reconhecimento dos bens naturais como dádiva do Criador e direito de todos; consciência do limite e consequente preservação do ambiente e seus recursos; celebração da vida em sintonia com os ciclos solares, lunares e telúricos; demarcação da Terra como espaço sagrado e lugar hierofânico; atitude cultivadora e diaconal que corrige a visão mercantilista dos recursos naturais e seus derivados. Mais do que retomada anacrônica das mitologias, trata-se de discernir os *conteúdos* e *valores* de caráter arquetípico e duradouro, que ajudem a religar pessoa e natureza. Entram aqui os elementos de espiritualidade citados antes: beleza, sentido, reconhecimento, esperança e mistério.

b) *Visão holística e conectiva do mundo* inspirada nas recentes coordenadas da Ciência, como: concepção orgânica do Planeta e da vida que ele contém; interdependência dos biomas e urgência de preservação ambiental; consciência do lugar humano na teia da biodiversidade; valorização do acervo natural terrestre e marinho; ciência de nossa pequenez terrenal em face do universo; expectativas de cura a partir da *pharmacia naturae* (farmácia da natureza); valorização de tudo o que seja orgânico, reciclável e não poluente; percepção dinâmica do universo; responsabilidade pela geração presente e futura; vantagens e possibilidades de energia limpa; fomento de tecnologias e desenvolvimento sustentáveis. Entram aqui a educação e a afirmação gradual da cidadania planetária.

As duas perspectivas alertam para o valor da vida, a religação de todas as coisas na Terra e a relação responsável com a natureza. Alguns autores privilegiam certos elementos, considerados urgentes ou estratégicos para o bem da vida humana e planetária em tempos de crise ambiental.

Leonardo Boff se concentra na sacralidade da vida como princípio de um reencantamento cultural, religioso e ético da natureza. Admite, inclusive, a cumplicidade da religião com a mentalidade exploradora que tanto prejudicou a biosfera, sobretudo no caso do Cristianismo ocidental. Apregoa a aplicação da sabedoria judaica ancestral – "O espírito habita a criação e renova a face da Terra" (cf. Sl 104[103],30) – e vincula diretamente os direitos da Terra e os direitos do pobre, instaurando uma nova agenda de justiça social que inclui o direito ambiental.[1] Inspirado na cosmovisão judaico-cristã, Boff valoriza a *aliança* entre Deus, a humanidade e as demais criaturas, e afirma a *transparência* do mundo criado, através do qual podemos entrever a presença divina em todas as coisas e a presença de todas as coisas no divino.[2]

Outros como James Lovelock e Lynn Margulis propõem o paradigma de Gaia: "Definimos a Terra como Gaia, porque se apresenta como uma entidade complexa que abrange a biosfera, a atmosfera, os oceanos e o solo; na sua totalidade, esses elementos constituem um sistema cibernético ou de realimentação que resulta em meio

---

[1] Cf. BOFF, Leonardo. *Ecologia*: grito da Terra, grito dos pobres. Rio de Janeiro: Sextante, 2004.

[2] Cf. Id. *Ecologia, mundialização e espiritualidade*. São Paulo: Ática, 1993. p. 78. A percepção de Deus em todas as coisas, e de todas as coisas em Deus, é característica do "panenteísmo" de inspiração judaico-cristã; distingue-se frontalmente do panteísmo, que identifica o ser de Deus com as criaturas.

físico e químico ótimo para a vida neste planeta".[3] A Terra é considerada organismo vivo e auto-organizante, que tem sido ferido e desrespeitado. Os efeitos disso são reconhecidamente danosos para o planeta e a existência das espécies, incluindo a nossa. Segundo os autores, conceber a Terra como Gaia é superar o dualismo funcionalista pessoa/natureza de estilo sujeito/objeto, para tratar o planeta como "entidade viva" que hospeda e nutre, num intrincado jogo de interações, milhares de formas de vida – entre as quais a vida humana.[4]

Outros, ainda, propõem a *via da compaixão* (Budismo), o *vínculo criatural* entre nós e as demais formas de vida (espiritualidade bíblica e franciscana) ou a *sabedoria* mítico-ecológica das tradições ancestrais (Hinduísmo e Culto dos Orixás). Essas três propostas assinalam algo fundamental para a ecologia: a *dialogicidade* profunda entre sujeito e natureza. Não mais a abordagem objetal e dominadora por parte dos humanos, mas vínculo, respeito, enamoramento e interdependência: a natureza está em nós e nós estamos na natureza. Tudo está relacionado, religado, dos níveis biológico e químico ao simbólico e cultural.

Referências bibliográficas

BOFF, Leonardo. *Ecologia*: grito da Terra, grito dos pobres. Rio de Janeiro: Sextante, 2004.

_____. *Ecologia, mundialização e espiritualidade*. São Paulo: Ática, 1993.

LOVELOCK, James. *A vingança de Gaia*. São Paulo: Editora Intrínseca, 2006.

_____. *Gaia*: cura para um planeta doente. São Paulo: Cultrix, 2006.

MALDAMÉ, Jean-Michel. *Cristo para o universo*: fé cristã e cosmologia moderna. São Paulo: Paulinas, 2005.

---

[3] LOVELOCK, James. *Gaia*: um novo olhar sobre a vida na Terra. Lisboa: Edições 70, 1989. p. 27.

[4] Cf. MARGULIS, Lynn. *Microcosmo*: quatro bilhões de anos de evolução microbiana. Lisboa: Edições 70, 1990. LOVELOCK, James. *As eras de Gaia*: biografia de nossa Terra viva. São Paulo: Campus, 1991.

MARGULIS, Lynn. *Microcosmo*: quatro bilhões de anos de evolução microbiana. Lisboa: Edições 70, 1990.

SOTER. *Sustentabilidade da vida e espiritualidade*. São Paulo: Paulinas, 2008.

Conclusão

Beleza, sentido, reconhecimento, esperança, mistério. Nestas cinco percepções o olhar das religiões se cruza com o olhar da ecologia, quando ambos se voltam ao fenômeno da vida e à evidência de um universo em movimento. O olhar atento nos caracteriza como hermeneutas, originando um saber não focado apenas na "empiria", mas aberto à dimensão simbólica da existência e às projeções de futuro.

Essa abertura não é exclusividade da atitude crente. Também a Física, a Astronomia, a Matemática e a Cosmologia indagam seriamente sobre o acaso, a necessidade e os possíveis fins para onde apontam os processos biológicos e cósmicos. Questões sobre sentido e propósito do universo (e mesmo da existência humana) atravessam mentes crentes e não crentes: o devir do mundo é evento que arrasta a todos nós!

Por conta dessas questões fundamentais, religiões e ecologia se tocam em alguns pontos de seu percurso ético e epistemológico:

- reconhecimento da Terra como casa comum das espécies;
- visão de humanidade inserida no dinamismo cósmico e natural;
- senso do limite e cuidado da biodiversidade;
- afirmação dos recursos da natureza como bens universais;
- necessidade e possibilidade do desenvolvimento sustentável;
- elaboração de uma ética ecológica;
- importância da educação ambiental.

Estes "pontos de toque" indicam convergências entre a episteme religiosa e a episteme científica, possibilitando o diálogo e a colaboração entre os diversos saberes e entre as próprias religiões. Essa colaboração, tão logo se efetua, enfrenta rapidamente duas questões estratégicas: a *Ecologia Humana* e o modelo predominante de *desenvolvimento*.

A *Ecologia Humana* considera os níveis de imbricação entre humanidade e natureza, já que "a natureza está no homem e o homem está na natureza" (Edgar Morin). Tal imbricação não se dá apenas nos níveis químico, biológico e nutricional, mas também nos níveis técnico, econômico e político. Pois também a diversidade humana em termos étnicos, culturais e tecnológicos incide sobre a diversidade natural e desta participa. Afinal, a Terra é efetivamente habitada por humanos – como nos alerta o princípio da antropodemia. Tudo quanto decidimos ou projetamos em benefício dos ecossistemas, do clima e da biodiversidade deverá considerar, de um lado, os fenômenos naturais e a complexidade do Planeta; e, de outro, a distribuição demográfica, o acesso humano aos recursos naturais, as populações migratórias e a participação da sociedade nas tomadas de decisão sobre questões ambientais. Nossa presença no planeta confere um teor político e gerencial às questões ecológicas. A vida das espécies e a renovação dos ciclos naturais interagem diretamente com nossa alimentação, saúde, economia, tecnologia e distribuição populacional. Nesse sentido, cremos que a democracia, o acesso à informação, a educação, a distribuição de renda, a produção de energia limpa e as políticas de uso sustentável do solo e das águas são aspectos decisivos para o que hoje entendemos por tarefa ecológica.

Por isso mesmo, religiões e ecologia enfrentam a cada dia o impasse da depredação ambiental, da capitalização de reservas naturais, do consumismo e desperdício, da produção exponencial do lixo urbano, do desrespeito às leis ambientais e do pouco compromisso de alguns governos com as metas de redução das emissões de CO^2 e superação das crises climática e alimentar. Todos esses desafios são, na verdade, aspectos diferenciados do *modelo econômico* vigente e suas consequências. Apesar dos sinais evidentes de crise ambiental, climática e alimentar, há impasses sérios na política e nas tecnologias industriais por conta de um modelo econômico preponderantemente exploratório e parcial, que privilegia as populações ricas e pretere os mais pobres, os subdesenvolvidos e as populações de pouca valia mercadológica. Não se trata de demonizar a industrialização ou a economia em geral, mas de redimensioná-las com critérios de sustentabilidade, com *prioridade do ecológico sobre o econômico* em termos de princípio – e *proatividade do econômico pelo ecológico*, em termos de prevenção, resolução de problemas e gestão.

Dito isso, resta-nos a tarefa contínua de aprimorar o conhecimento e a corresponsabilidade entre sujeitos e instituições nos dois âmbitos – religioso e ecológico –, para maior colaboração e incidência nos processos educativos, sociais, midiáticos e administrativos. No cenário global das religiões é preciso ampliar e consolidar o compromisso ambiental. O que se tem feito neste sentido é bom, mas insuficiente. De modo semelhante, podemos incrementar a colaboração de cientistas e gestores com a liderança e as instituições religiosas.

Hoje, propor uma agenda ecológica que inclua as religiões, as ciências e os governos não é sonho distante, mas realização em andamento – como o demonstram os projetos citados ao longo deste ensaio. Articular ações nesta direção é tendência que avança um pouco a cada dia. O desafio é atingir os níveis básicos da vida cotidiana, em escolas, templos, centros comunitários, sindicatos, hospitais, mídia e poderes públicos. Felizmente, a rede cresce! As questões ambientais se propõem pela educação e se impõem pela urgência, visto que as crises climática, energética e alimentar atingem os cinco continentes.

Portanto, concluir estas páginas não significa concluir a proposta, mas insistir no conhecimento, motivação e aplicação das perspectivas que abrimos nas três partes deste livro: cosmovisão, valores, tarefas. Pois todos nós – educadores, pais, líderes, pesquisadores, estudantes, comunicadores, empreendedores e pessoas de atuação pública – somos habitantes do mesmo Planeta e beneficiários dos recursos da natureza. Saber e agir serão nossos passos para preservar e viver, efetivando os princípios da precaução, da adaptabilidade e da sustentabilidade.

Glossário

A

Analogia: procedimento cognitivo, interpretativo ou comparativo que permite projetar o conhecimento para além do observável, superando os limites da *empiria* (experiência) sem a desrespeitar. Pela analogia, o conhecimento humano vai do visível ao invisível, do somático ao psíquico, do imanente ao transcendente. Além das religiões, também a Antropologia Cultural, a Filosofia, a Literatura e a Psicologia Profunda fazem uso, oportunamente, da analogia.

Antropodemia: noção proposta pelo autor nesta obra, para caracterizar a população humana na Terra como dado efetivo do Planeta. A antropodemia tem alcances biológicos, técnicos e ambientais constatáveis; inclui o cuidado ecológico em reação ao antropocentrismo exploratório ou unilateral. Do grego "humano" (*anthropos*) + "população" (*demos*).

Apofático: discurso sóbrio e respeitoso sobre mistério divino, marcado pelo silêncio e pela adoração. Termo usado em Teologia, Antropologia e Ciências da Religião, do grego "negação" ou "sem palavra" (*apòphasis*).

Asteroide: corpo em forma de estrela; os asteroides giram em torno de astros maiores e podem se agrupar, formando "famílias" por conta da gravidade. Do grego "parecido com estrela" (*asteroidès*).

Atmosfera: invólucro gasoso dos astros em geral e particularmente da Terra, constituído de oxigênio, hidrogênio, ozônio e outros componentes; do grego "vapor" (*atmo*) + "esfera" (*sphaera*).

Avatar: manifestação visível das divindades hinduístas; do sânscrito "encarnação da divindade" (*avatara*).

B

Bhagavad-Gita: texto sagrado do Hinduísmo, posterior aos Vedas; é reverenciado especialmente pela corrente devocional do Hinduísmo, chamada Bhakti. Do sânscrito "cântico" ou "poema" (*gita*) do "bem-aventurado" (*bhagavad*).

Biocenose: comunidade orgânica de seres vivos, ligados entre si pela genética ou pela cadeia alimentar; do grego "vida biológica" (*bios*) + "em comum" (*koinos*).

Bioma: conjunto de seres vivos de uma determinada área, geralmente definida pelo clima e pela geografia.

Biosfera: dimensão ou invólucro de vida da Terra; do grego "vida biológica" (*bios*) + "esfera" (*sphaera*); refere-se ao conjunto da biodiversidade planetária.

C

Cabala: tradição mística do Judaísmo; do hebraico "transmissão" (*kabalah*).

Coniunctio: conjunção, no sentido de união ou encontro de dualidades ou de opostos; usado em Antropologia, Espiritualidade e Psicologia; do latim "conjunção" (*coniunctio*).

Continuum et descontinuum: a combinação entre repetição (*continuum*) e inovação (*descontinuum*) que caracteriza o devir biológico e cósmico. O processo evolutivo da biodiversidade, bem como dos fenômenos cósmicos, acontece por *continuum et descontinuum* no jogo entre padrões continuados ou adaptações flexíveis. Do latim "contínuo" (*continuum*) e "descontínuo" (*descontinuum*).

Corânico: relativo ao Corão (ou Alcorão), texto sagrado do Islã.

Corão: livro sagrado do Islã, recitado por Maomé e compilado após sua morte em 632 d.C. Vem do árabe "recitação" (*quran*). Diz-se também Alcorão, acrescentando o artigo: *Al-Quran* (O Corão = Alcorão).

Corpus: corpo, não só biológico, mas bibliográfico, no sentido de totalidade de um texto ou coletânea de vários textos; do latim "corpo" (*corpus*), por exemplo: *corpus paulinum* (coletânea dos textos atribuídos ao apóstolo Paulo) ou *corpus* corânico (totalidade textual do Alcorão).

Cosmos: sistema ou ordem que caracteriza o universo; do grego "sistema" (*cosmos*); em português diz-se também cosmo (sem o "s" final).

Cosmogênese: processo de geração do universo, tal qual o conhecemos atualmente; do grego "universo" (*cosmos*) + "geração" (*genesis*).

Cosmogonia: termo derivado de cosmogênese; indica igualmente a geração do universo; algumas narrativas religiosas descrevem o mundo nascendo das águas primordiais (cosmogonia aquáticas) ou sendo criadas por alguma divindade (teocosmogonia).

Cosmovisão: visão de mundo de uma determinada cultura, ciência ou religião; do grego "mundo" (*cosmos*) + visão.

D

Devir: o vir continuado, em ritmo de processo, rumo ao futuro; o porvir. Enquanto processo ou evolução, o devir se dá pelo jogo de continuidade e descontinuidade, com flexibilidade e adaptação (*continuum et descontinuum*).

Dharma: ordem, sabedoria e caminho do bem, para hinduístas e budistas; às vezes, usa-se este termo para designar simplesmente a religião. Do sânscrito "ordem" ou "caminho religioso" (*dharma*).

Dialogicidade: qualidade própria do diálogo e de quem efetua o diálogo; indica relação, partilha e imbricação. Do grego "diálogo" (*diàlogos*).

Doxologia: discurso verbal ou fórmula escrita de louvor, geralmente para glorificar a divindade; do grego "glória" (*doxa*) + "discurso" (*logia*).

E

Ecossistema: conjunto dos relacionamentos mútuos entre determinado meio ambiente e a flora, a fauna e os microorganismos que nele habitam; este conjunto inclui fatores de equilíbrio biológico, geológico, nutricional e climático. Do grego "habitação" (*oikos*) + "em conjunto" (*systema*).

Ecumene: grande casa da humanidade e das espécies, no sentido de planeta habitado; do grego "casa" (*oikos*) ou "morada de todos" (*oikoumene*).

Elemental: relativo aos quatro elementos fundamentais da natureza, na visão clássica: terra-água-fogo-ar; às vezes se acrescenta um quinto elemento: o éter, que estaria disperso na imensidão cósmica.

Empiria: fato ou realidade que se pode experimentar por análise, medição e comprovação; está na raiz do grego "experimentável" (*empírikos*).

Empírico: relativo a empiria, no sentido de algo manifesto, factual ou comprovado pela experiência.

Entropia: desgaste ou perda de calor ao longo de uma variação; princípio da Física e da Termodinâmica. Pode ser aplicado à expansão do universo, como medida de sua desordem ou perda energética. Do grego "volta" ou "retroação" (*entropé*).

Episteme: ciência, conhecimento, arte ou habilidade; termo usado pelas Ciências em geral, especialmente a Epistemologia (Filosofia do Conhecimento); do grego "conhecimento" (*epistème*).

Epistemológico: relativo a episteme e a Epistemologia (ciência, conhecimento).

Escatologia: estudo ou discurso sobre as realidades definitivas da existência, seja da pessoa humana, seja do universo; termo usado pela Teologia, Antropologia e Ciências da Religião; do grego "realidade definitiva" (*éskhaton*) + "discurso" (*logia*).

Escatológico: relativo à escatologia (realidades definitivas da existência).

***Ex nihilo*:** expressão latina que significa "a partir do nada". Algumas narrativas da criação dizem que a divindade criou todas as coisas com o poder de sua Palavra ou Sopro, a partir do nada (*ex nihilo*). Outras, porém, sugerem que a divindade organizou o caos primordial, onde estariam as sementes de todas as coisas (*semina rerum*).

G

Geosfera: a esfera terrestre, enquanto planeta; do grego "terra" (*gèa*) + "esfera" (*sphaera*).

H

Hermeneuta: aquele que decifra, interpreta ou compreende profundamente um objeto estudado, nos diferentes campos do saber.

Hermenêutica: arte ou ciência da interpretação, aplicada aos vários campos do saber: hermenêutica cultural, hermenêutica filosófica, hermenêutica teológica etc. Deriva de Hermes, o deus grego das equações, mensagens e segredos. Assim, a hermenêutica é decifração ou interpretação de tudo o que parecia hermético (secreto, incompreensível, indecifrável).

Hierofania: manifestação do sagrado num determinado tempo e espaço, caracterizando assim a experiência da sacralidade; termo usado em Antropologia, Fenomenologia, Teologia e Ciências da Religião; do grego "sagrado" (*híeros*) + "manifestação" (*phanei*).

Hierofânico: relativo à hierofania; característica das manifestações do sagrado.

Holística: abordagem, visão ou conhecimento caracterizado pela totalidade e integralidade; do grego "integral" (*holon*) ou "totalidade" (*holé*).

Homo religiosus: o ser humano enquanto sujeito da experiência religiosa; usa-se em latim, ao lado de outras dimensões da humanidade: *homo faber* (sujeito de habilidades práticas), *homo loquens* (sujeito de linguagem), *homo aestheticus* (sujeito da experiência e representação do belo) etc.

I

Ignoto: desconhecido; do latim "não" (*i-*) + "conhecido" (*-gnotus*).

L

Lúdico: caracterizado pelo jogo e pela espontaneidade, no sentido de lazer, divertimento ou arte; do latim "jogo" (*ludus*).

M

Macrocosmo: o universo considerado na sua grandeza e imensidão; do grego "grande" (*macro*) + "sistema" (*cosmos*).

Microcosmo: visão do ser humano como "pequeno universo", pela sua complexa constituição; do grego "pequeno" (*micro*) + "sistema" (*cosmos*).

Mônada: a unidade última que subjaz a todas as divisões; partícula fundamental. No caso da humanidade, a mônada é cada sujeito dotado de consciência reflexa. Do grego "um só" (*monos*).

Multiverso: visão do cosmos como realidade plural, constituída de dimensões ou desdobramentos paralelos, ao modo de muitos universos; do latim "ir à direção" (*versus*) + "do múltiplo" (*multi*). A existência do multiverso é uma hipótese da Cosmologia.

N

Noogênese: surgimento ou geração da inteligência humana no curso da evolução das espécies; do grego "intelecção" (*nous*) + "geração" (*genesis*).

Noosfera: invólucro de inteligência reflexa da Terra, no sentido de inteligência humana presente no Planeta; do grego "intelecção" (*nous*) + "esfera" (*sphaera*).

O

Ontologia: estudo do ser íntimo das coisas, nas Ciências Humanas, especialmente a Filosofia; do grego "ser" (*ontos*) + "discurso" (*logia*).

Ontológico: referente a ontologia; característica própria do ser.

P

Panenteísmo: opinião de que todas as coisas estão em Deus e que Deus está em todas as coisas, mantendo a distinção ontológica de Deus, que nunca se confunde ou se reduz às criaturas. Do grego "Deus" (*theós*) + "em" (*en*) + "todas as coisas" (*pan*).

Panteísmo: opinião de que Deus é (de algum modo) todas as coisas, ou que todas as coisas são (de algum modo) Deus. Do grego "tudo" (*pan*) + "é Deus" (*theós*).

Paradigma: modelo, tipo ou padrão, não apenas no sentido visual, mas

205

organizativo e epistemológico; do grego "modelo" (*paràdeigma*).

Pneumatologia: estudo bíblico-teológico sobre o Espírito Santo, no Cristianismo; do grego "Espírito" (*pneuma*) + "discurso" (*logia*).

Pneumatológico: relativo à pneumatologia; caracterizado pela ação ou presença do Espírito Santo.

Pulsar: fonte radiestelar emissora de impulsos com duração média de 35 milionésimos de segundo, que se repetem com intervalos regulares; sua aparência é de um pisca-pisca na imensidão do cosmos, que acende e apaga em altíssima velocidade. Do inglês "pulsante" (*pulsating*) + "fonte radiestelar" (*radio-sources*).

Q

Quasar: fonte de radiação, de origem ainda não verificada, que – apesar de se parecer com uma estrela – emite mais intensamente na frequência rádio que qualquer grande galáxia brilhante; suas emissões chegam a distorcer nossa observação ótica, pois criam lentes gravitacionais que deslocam até mesmo a luz.

R

Racionalidade instrumental: a racionalidade é característica da inteligência humana no sentido amplo de conhecimento, organização de dados e pensamento complexo. Quando aplicada à técnica, mecânica e física, caracteriza-se como racionalidade instrumental. Do radical latino "razão" (*ratio*).

Racionalidade simbólica: a racionalidade é característica da inteligência humana no sentido amplo de conhecimento, organização de dados e pensamento complexo. Quando aplicada à analogia, estética e interpretação intuitiva, caracteriza-se pela racionalidade simbólica. Do radical latino "razão" (*ratio*).

Radiotelescópio: aparelho usado pela Astronomia, Cosmologia e Astrofísica, constituído por um grande espelho metálico em forma parabólica que capta as emissões radioelétricas provenientes do espaço. Do latim "radiação" (*radium*) com o grego "ver ao longe" (*tele-scopein*).

Religião: em sentido amplo, postura humana de conexão e vínculo com a sacralidade manifesta no tempo e no espaço; do latim *religio* com dois significados complementares: religar (*religare*) o divino e o humano, o físico e o metafísico; reler (*relegere*) a natureza e a vida com a ótica do sagrado.

S

Samsara: ciclo de nascimentos e renascimentos, segundo a doutrina budista. Refere-se às contínuas reencarnações, até que a pessoa – livre de todo apego e desejo – entre no nirvana: o estado de eterna serenidade.

Sideral: relativo aos astros e ao espaço que eles ocupam; do latim "sideral" (*siderale*).

T

Talmud: livro religioso do Judaísmo, composto de comentários e meditações sobre as Escrituras judaicas; nele se encontra um eco vivo da

Torá (Lei). Há duas versões: o Talmud Babilônico (*Talmud Baalbi*) e o Talmud de Jerusalém (*Talmud Yerushalmi*). Do hebraico "estudo" ou "lição" (*talmud*).

Tantra: conjunto de textos e ensinamentos budistas, caracterizando uma particular corrente espiritual, chamada Budismo Tântrico.

Torá: texto sagrado do Judaísmo, composto dos cinco primeiros livros da Bíblia (Gênesis, Êxodo, Levítico, Números, Deuteronômio). Às vezes, porém, diz-se Torá para indicar o conjunto das Escrituras judaicas. Do hebraico "diretriz" ou "instrução" (*torah*).

Trimurti: a tríade das principais divindades do Hinduísmo: Brahma, Shiva e Vishnu.

Tripitaka: coletânea de textos sagrados do Budismo. Significa "três cestos" em sentido metafórico, ou porque os escritos poderiam ser guardados efetivamente em cestos. Os três *cestos* (escritos sagrados) são: *Sutra*, que agrupa os ensinamentos do próprio Buda, através de uma série de conversas e sermões recolhidos por Ananda, um dos seus mais próximos discípulos; *Vinaya*, que reúne as regras da comunidade monástica; e *Abhidharma*, que são textos filosóficos focados na transmissão da doutrina budista. Em alguns lugares da Ásia, a palavra sânscrita *Tripitaka* é pronunciada diferentemente, como *Tipitaka* (sem o "r").

U

UNEP: sigla do Programa das Nações Unidas para o Meio Ambiente (PNUMA) na versão inglesa: United Nations Environment Programme (UNEP).

***Unio mystica*:** "união mística" no sentido de encontro ou comunhão entre a pessoa e Deus; também compreendida como ponto de chegada do caminho espiritual, em três estágios: purificação (*purgatio*), iluminação (*illuminatio*) e união (*unio*).

Universo: visão do cosmos como conjunto de fenômenos e processos que, apesar da diversidade, mantém sua unidade ou organicidade; do latim "ir à direção" (*versus*) + "do uno" (*unum*).

***Upanishads*:** coletânea de textos sagrados do Hinduísmo, posterior aos Vedas. Constituem mais de cem livros. Os principais são: Isha-Upanishad, Kena-Upanishad, Katha-Upanishad, Prasna-Upanishad, Mundaka-Upanishad, Mandukya-Upanishad, Taitirya-Upanishad, Aitareya-Upanishad, Shandogya-Upanishad e Brihadaranyaka-Upanishad.

V

Vedas: coletânea de textos sagrados do Hinduísmo, composta de: Rigveda (Veda das estrofes); Yajurveda (Veda das fórmulas sacrificais); Samaveda (Veda dos hinos litúrgicos) e Atarvaveda (Veda das fórmulas mágicas).

Impresso na gráfica da
Pia Sociedade Filhas de São Paulo
Via Raposo Tavares, km 19,145
05577-300 - São Paulo, SP - Brasil - 2011